疲れていてもこれならできそう！
＃食材3つ ＃3ステップで完成

毎日食べたい
かんたん
3×3レシピ

山脇りこ

はじめに　それが、おいしいなら、最高じゃない？

3つ以内の食材で、3ステップでできる、
まいにち使えるレシピ、それが3×3レシピです。

肉や魚、野菜以外でも、家にないよね？　と思う食材は
3つの中にカウントしました。
たとえば、だし昆布やパン粉なども。
だから、ほんとに食材3つ以内です。
それに家にある基本の調味料さしすせそ（砂糖・塩・酢・しょうゆ・みそ）、
マヨネーズやケチャップなどで作れます。

レシピはできるだけ、大さじのみ、小さじのみで
計量できるように工夫しました。

フライパンだけ、電子レンジだけ、あえるだけ、の
だけだけレシピも、どうぞ愛してやってください。

食材が入っていたプラケースやトレーは、
洗って下ごしらえに使ってから捨てたり、
野菜を塩水につけて延命したり、葉と茎を分けて使ったり。
本書でご紹介している小さな工夫や知恵も活かしてもらえたらうれしいです。
段取りがよくなり、洗い物も減って、時間もかからなくなります。

また、レシピ通りじゃなきゃダメと思い込まず、
時には似たものに代えたり、好みに合わせてアレンジしてみると
新しい発見もあると思います。

『AMARC（アマーク）』でこの「3×3レシピ」の連載をはじめてから
「ほんとにかんたん！ ありがとう」「ラクだった、家族も喜んだ」なんていう
嬉しいメッセージをいただくようになりました。

私もほぼ毎日、朝・昼（おべんとう）・晩のうちのごはんを作っていますが、
考えてみれば、どれもシンプルな料理。
毎日のごはんをラクに軽やかに。それがおいしいなら、最高！ って、
みんな同じ気持ちなんだ、と連載を通じて、あらためて気づかされました。

そんな場をくださった『AMARC』の大草直子さん、鈴木亜矢子さんに感謝を。
「この連載、いつも作っているから本にしよう！」と言ってくれた料理男子・ぴあ
の大木編集長、レシピ選びから伴走してくれた内田いつ子さん、上品でスマート
なデザインをしてくれた高橋美保さん、シビれる写真を撮ってくれた長谷川潤
さん、古谷利幸さん、ありがとうございました。

いつも「3×3レシピ」を楽しみに作ってくださる読者のみなさま、
すこーしラクして、みんながごきげんでいられますように。

山脇りこ

CONTENTS

1章
メインのおかず

2章
野菜のおかず

STAY HOME
お誕生日のテーブル

3章
ワンプレート

4章
おつまみ

SOUP
あったかスープ

5章
作りおきと自家製

SWEETS
フルーツのスイーツ

本書の使い方

◎1カップは200㎖、大さじ1は15㎖、小さじ1は5㎖です。

◎塩は自然塩を使用。食塩を使う場合は味を見て、量をやや控えめにしてください。

◎砂糖はきび砂糖など精製していない砂糖を使用。上白糖を使う場合は、やや控えめにしてください。

◎酢は米酢を使用。

◎バターは有塩を使用しています。

◎電子レンジやオーブンなどは、機種によって加熱具合が異なるのでようすを見ながら調整してください。

◎保存期間は目安です。清潔なスプーンを使って取り出すなどして、雑菌が入らないようにしてください。

◎目次、レシピについているアイコンは、🥄 はフライパン1つでできる、▨ はレンチンだけでできる、🥣 はあえるだけの料理を紹介しています。

ファッションディレクター　　　　料理家
大草直子さん×山脇りこ 特別対談

みんな本当に忙しい。
ラクちんでおいしいは
すべての人にとって
幸せです

NAOKO
OKUSA

RIKO
YAMAWAKI

『AMARC』の
人気連載が
書籍になって
本当に嬉しい!

「かんたん美味しいは正義!」な二人が語る

"3×3レシピ"が
生まれたわけ

この本はファッションディレクター・大草直子さんが主宰するメディア、
『AMARC(アマーク)』で毎週水曜日にアップされる
「身体リセット3×3レシピ」という料理連載がベースになっています。
この連載を始めたわけや、そして「忙しい女性たちをラクにしたい」という、
お互いの思いについて語り合いました。

ラクに作れておいしいレシピが
あったら私が知りたかった

山脇 「『AMARC』で料理の連載をしませんか？」とお話をいただいたときは、少しびっくりしました。「ファッションのウェブメディアなのに、料理？」と。

大草さん（以下敬称略） もともと『AMARC』を始めたのは、「今を生きる女性たちに、もっとラクに、もっと楽しくなって欲しい」という思いがあったから。だからここで発信する情報はすべて、このコンセプトを意識しています。料理も日々のことですよね。私は食べることが大好きですが、毎日忙しいし、手が込んだ料理は作れません。ラクに作れておいしい料理があったら、私も知りたいと

思ってこの企画を立ち上げたのです。

毎週水曜日にアップするのにも理由があります。週のなかばって疲れが出てくるころ。そんなときはおいしいもの食べて身も心も元気になってほしいし、19時に帰宅して、19時45分には「いただきます！」と食卓につけるレシピがあったら最強じゃない！という思いです。

山脇 「身近な食材と調味料で」「おしゃれすぎず、本当に使えるレシピを」というリクエストをいただきました。

大草 それは、調味料や食材が特別だったり、難しいと作らなくなってしまうから。

山脇 私も日常的に使うのは、「さ（砂糖）・し

大草直子さん
スタイリングディレクター ウェブメディア『AMARC（アマーク）』主宰。大学卒業後、出版社を経てフリーランスの編集者、ライター、スタイリストとして活躍。わかりやすく実践しやすい、ファッションコーディネート術などには定評がある。現在は商品開発やブランドコンサルタント業などでも活躍中。ベネズエラ人の夫と3人の子どもとの5人家族。
『AMARC』https://amarclife.com

『AMARC（アマーク）』とは・・・
大草直子さんが主宰しているウェブメデイア。日々のファッションコーディネートからビューティ、ライフスタイル、料理にいたるまで、女性向けのエイジレスなコンテンツを発信して人気を集めている。

（塩）・す（酢）・せ（しょうゆ）・そ（味噌）」の基本調味料です。それでほとんど何でもできるんですよね。特別な調味料を買って、期限切れで破棄しちゃったという声も、よく聞きます。

大草　普通に家にあるもので作れるって、それだけでプレッシャーから解放されます。私もこのレシピを活用していますが、例えば「この食材は〇〇でもおいしくできるんですよ」って、代替食材が添えてありますよね。それがまたいい。レシピに余白があるんです。自由度があるので、作る人の気持ちをラクにしてくれるんです。

山脇　「リアルクローズ」のお料理版で、「リアルレシピ」！　ってことですよね。そのためには具体的にどうしよう？　と考えて、私なりに条件を設定してみました。それで「3×3」。3つ以内の食材で、3ステップで完成するレシピがいいかな、と。疲れていても、作るしかないってとき、身体のことも考えて自分や家族のためってときに、作りたくなる料理ってなんだろうって思って。使う食材も少なめ、プロセスも少なめに。でもおいしく。

大草　おかげさまで、この連載はすごく人気です。私が作ってみた中で、特に好きだったのが「かぼちゃのバルサミコ煮」（p43に掲載）です。普段サラダにバルサミコ酢を使っても絶対食べない子どもたちにも好評で、驚くほどよく食べてくれました。

山脇　うれしいです！　あれは、ちょっと変化球なのにかんたんですよね。私もよくあるんですが、忙しいのにがんばりすぎると、イラッとして疲れて、笑顔がなくなって自分もまわりもうんざり（笑）。だから近所のスーパーにある旬の食材で、手をかけずにできて、おいしくって身体に優しいって、みんなにとってハッピーなんですよね。私はこの3×3レシピを考えるのが楽しくて、自分の新しい扉が開いたような気がしています。この手順は本当に必要か？　もっとシンプルにできないか？　洗い物を減らせないか？　と真剣に考えるようになりました。で、その辺にこだわってレシピを作ると、毎回大草さんがひろってくれて、やりがいあるわーと。

大草　最初の読者として毎回コメントさせてもらっているんですよね。

山脇　「これはビールに合いそう!」なんてコメントも(笑)。白ワインとビール、お好きですか?

大草　大好きです(笑)!　りこさんのお料理は、お酒が想像できるのもいいですね。「あ、これはキリッと冷えた白ワインだな」とか。毎週レシピが届くたびにワクワクします。「今週は何かな」って。一番初めの読者である、私が作りたい、おいしそう!　と思えば、皆さんにも伝わるかなと。

「このレシピ、作ってみよう」と行動を起こさせる重要なコンテンツ

大草　『AMARC』を始めるときに、もうひとつ決めていたことがありました。それはコンテンツを絞ること。私自身、情報がありすぎると疲れてしまうので、ここで発信するのは、信頼できる限られた情報だけにしようと。少ないからこそ、その記事が「買う」とか「作る」とか、読者の方たちの行動につながればいいなと思っています。記事を見て終わりではなく、自分が「変わりたい」と思ったときに一歩踏み出す「行動」につなげていきたいのです。そういう意味でも、このレシピは「作ってみよう」というアクションを起こしてくれる重要なコンテンツなのです。年齢を重ねると腰も重くなってくるので、「やってみよう」っていう気持ちはとても大事です。そしてそういう気持ちを喚起させるのが、メディアの役割ではないかと

思っています。

ところでこの本、『AMARC』の連載で紹介して頂いたレシピだけでなく、新しいレシピもたくさん掲載されてますねー。

山脇　はい、今日はその新しいレシピの中からひとつご用意しているんです。

大草　わ!　おやつ!　なんですか、これ?

山脇　「みかんのコーヒーキャラメリゼ」(写真上、p107に掲載)。みかんを皮ごとキャラメル煮に。フライパンひとつでできます。

大草　この白いクリームは?

山脇　市販のギリシャヨーグルトです。

大草　おいしい!　みかんは甘くてコーヒーがちょっとほろ苦で。ヨーグルトの酸味がキャラメリゼの甘みと合いますね。これ、やってみよう!　りこさんの「3×3レシピ」は、読んで楽しい、作って楽しい!　だから1冊にまとまると聞いてすごくうれしく思いました。今後の『AMARC』の連載も合わせて見ていただけたら。

1章
メインのおかず

毎日のごはん、メインのおかずさえ決まれば、

あとはなんとでもなります。

シンプルでおいしい料理を、

どこにでもある旬の野菜、肉、魚で。

そして市販の合わせ調味料など使わず、

いつもの「さ・し・す・せ・そ」で、

かんたんに、しかもちょっとしゃれた感じにも!

「え? これも3つの食材で?」と

喜んでいただけたら本望です。

ロール白菜

白菜はうま味成分グルタミン酸が多い冬の便利野菜。煮るとぐんと甘味が出ます。
かたい部分は肉だねの中に入れて、始末よく使いましょう。
後引くおいしさの冬のごちそう、多めに作っておくのもおすすめです。

白 菜　　　豚ひき肉

〔材料 2人分〕

白菜… ½株のものの葉8枚	A	片栗粉… 小さじ2	B	しょうゆ… 小さじ2
豚ひき肉… 200g		塩… 小さじ½		酒… 大さじ1（小さじ3）
				水… 400㎖

〔作り方〕

1　白菜の一番下の白くてかたい部分（下から2㎝）は1㎝角程度にきざむ。残りは大きめの耐熱ボウルに入れてかぶるほどの熱湯を注ぎ、2~3分つけておく。

2　ボウルにひき肉、きざんだ白菜、Aを入れてよく練り、ざっくり4等分する。1を2枚を重ねて広げ、肉だねをのせて包む。包み終わりを下にして鍋に並べる（フライパンでもよい）。

3　2の鍋にBを入れて中火にかけ、沸いたらふたをして10分ほど煮る。

かたすぎる部分は包丁でそぎ切りにして、包みやすくなるよう2枚を重ねる。

塩ポトフ

うまみの強い具材の組み合わせで、塩だけでも深い味わいに。
フランクフルトはウインナーやハム、ベーコンにしても。
キャベツが一番下になるように入れると、キャベツの水分で焦げにくく、
味も入りやすいので、鍋に入れるのはこの順番で。

フランク フルト	じゃが芋	キャベツ

〔材料 2人分〕

フランクフルト… 4本（240g）
じゃが芋（煮くずれる男爵がよい）… 2個
キャベツ… ¼個（300g）

A 酒… 50㎖
塩… 小さじ1
水… 600㎖

黒こしょう…好みで

〔作り方〕

1 フランクフルトは斜めに切り目を入れて、熱湯に1分ほどつける（臭みのある脂が抜ける）。じゃが芋は皮をむいて四つ割りにし、キャベツは芯をつけたまま2~3cm幅のくし形切りに。

2 鍋にキャベツ、フランクフルト、じゃが芋の順に入れて、**A**を加えて中火にかける。沸いてきたら、ふたをして火を弱め、30分煮込む。器に盛り、黒こしょうをふる。

牛すね肉と新玉ねぎの煮込み

牛肉と玉ねぎを鍋に入れておくだけのシンプルな煮込み。クレソンを生でたっぷり添えて。

牛すね肉　　新玉ねぎ　　クレソン

〔材料 4人分〕
牛すね肉… 500g
新玉ねぎ… 2個（600g）
クレソン… 2束
白ワイン（または酒）…カップ½
塩… 小さじ1
水… 100㎖
塩、こしょう… 好みで

〔作り方〕

1 牛すね肉は熱湯をかけて湯引きし、水けをきる。新玉ねぎは縦半分に切り、薄切りにする。

2 鍋底に塩をふり入れ、玉ねぎ、牛肉、玉ねぎの順に重ねる。白ワインと水を注いで中火にかけ、ふたをして10分ほどして沸いてきたら弱火にし、40分煮込む。

3 ざっくり混ぜ、再びふたをして30分煮込む。皿に盛り、食べやすく切ったクレソンを添え、好みで塩、こしょうをふる。

●クレソンは、パクチーやみつば、ルッコラなどにしても。
●翌日はトマトとカレー粉を足して贅沢カレーに。

ロールプルーンチキン

プルーンを巻いて、ぐっとあか抜けた
ロールチキンに。アプリコットや干し柿、
くるみを巻くのも◎。

鶏もも肉　　　プルーン　　　生クリーム

〔材料 2人分・ロール1本分〕

鶏もも肉… 1枚
ドライプルーン… 6粒
白ワイン（または酒）… 大さじ3
生クリーム… 100mℓ
水… 100mℓ
塩… 小さじ1
ピンクペッパー… 好みで

〔作り方〕

1　鶏もも肉を広げ、厚みがあるところは、切り込みを入れて開き、平らにする。塩の半量をふり、プルーンを並べて巻く。巻き終わりはようじでとめる。

2　巻き終わりを下にして鍋に並べ、白ワインと水を注ぐ。ふたをして中火にかけ、沸いたら火を弱めて15~16分煮る。上下を返してさらに5分ほど煮る。

3　ロールチキンを取り出す。残ったスープに塩と生クリームを入れて、沸いたら火を止める。食べやすく切って器に盛り、ソースをかける。好みでピンクペッパーを。

アッシ・パルマンティエ

Hachis parmentier（アッシ・パルマンティエ）は、じゃが芋とひき肉をつかった
フランスの家庭料理。本来はバターを使いますが、オリーブオイルですっきりめにしてみました。

合びき肉　じゃが芋

ピザ用
チーズ

〔材料　2~3人分〕

合びき肉… 200g
じゃが芋… 3個
ピザ用チーズ… 80g（好みで加減を）
ケチャップ… 大さじ1

A　オリーブオイル… 小さじ2
　　塩… 小さじ½

植物油… 小さじ1

〔作り方〕

1　じゃが芋は水洗いして皮つきのまま鍋に
　入れ、かぶるほどの水を入れてゆでる。箸
　が刺せるほどやわらかくなったら、湯を
　きって皮をむく。ボウルに入れ、Aを加え
　てザックリつぶす。

2　フライパンに植物油を熱し、ひき肉を炒
　める。色が変わったらケチャップを加えて
　全体にからめ、1に汁ごと加えて混ぜる。

3　2を耐熱皿に入れ、チーズを全体に散ら
　す。オーブントースターかグリルに入れ、
　約10分こんがり色づくまで焼く。

チキンカツ ミラネーゼ

揚げ物は敬遠されがちですが、揚げたてに勝るうまさなし！
少ない油でできる2品を。むね肉が驚きのジューシーさです。

鶏むね肉　　　卵

パン粉

〔材料　2人分〕

鶏むね肉… 1枚

A｜酢、酒…各大さじ1

卵液(卵1個と水大さじ1をよく溶く)
小麦粉… 大さじ1
パン粉… カップ½
揚げ油(いつも使っている油でOK)
　　　　　　　　…フライパンに1cm程度
モロッコいんげん、塩、ゆず…好みで

〔作り方〕

1　鶏むね肉は横から包丁を入れて、厚
　　みを半分に切る(@)。フォークで全
　　体に穴をあけ、**A**をもみ込む。

2　鶏肉全体に小麦粉を薄くはたき、卵
　　液、パン粉の順に衣をつけ、5~6分
　　休ませる(これで揚げた後に衣がは
　　がれにくくなる)。

3　フライパンに揚げ油を入れ、150℃
　　(菜箸を入れて細かい気泡が静かに
　　出る)に加熱する。**2**をそっと入れて
　　動かさず4分揚げ、返してさらに4
　　分揚げる。

●つけ合わせのモロッコ
いんげんは残った油で
揚げ焼きに。ゆずやレモ
ンを添えて塩で。

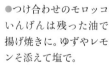

@鶏肉は厚み
を半分に切っ
て平たく薄く。

ミルフィーユカツ

薄切り肉を重ねて作る、しっとりやわらかなミルフィーユカツ、
"ミルカツ"。みんな大好きタルタルソースで。

豚肉
しょうが焼き　　　卵
用

パン粉

〔材料 4枚分〕

豚肉しょうが焼き用… 8枚
卵液（卵1個と水大さじ1をよく溶く）
小麦粉…大さじ1
パン粉…カップ1
揚げ油（いつも使っている油でOK）
　　　　　　　…フライパンに1cm程度
タルタルソース、ピンクペッパー、いんげん
　　　　　　　…好みで

〔作り方〕

1　豚肉は半分の長さに切る。ポリ袋に
　　豚肉と小麦粉を入れて全体にまぶ
　　し（ⓐ）、4枚を重ねる（カツが4枚で
　　きる）。

2　卵液とパン粉をバットやトレーに入
　　れる（ⓑ）。1に卵液、パン粉の順に
　　衣をつけ、5〜6分休ませる。

3　フライパンに揚げ油を高さ1cm程度
　　まで注ぎ、150℃に加熱する。2を
　　そっと入れて動かさず3分揚げ、返
　　して2分揚げて油をきる（ⓒ）。

●タルタルソース：ゆで卵2個は殻をむ
き、ボウルに入れる。マヨネーズ、プレー
ンヨーグルト各大さじ1、レモン汁⅙個
分、塩ひとつまみを加えて、フォークな
どでつぶす。
●つけ合わせのいんげんは残った油で
揚げ焼きに。

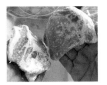

ⓐ 小麦粉は豚肉に
しっかりつかなくて
も、まだらでよい。

ⓑ 小麦粉はポリ袋に、
溶き卵やパン粉は、肉が
入っていたトレーを洗
って利用すると、洗い物
が減ってラク。

ⓒ引き上げると
き、フライパンの
中でしっかり油
をきる。

なすのラザニア

薄切りなすをラザニアに見立て、ひき肉と重ねました。
味つけはケチャップ＋みそをぬるだけ。あえてまだらがおいしいです。

なす　　豚ひき肉　　ピザ用チーズ

〔材料　2〜3人分〕

なす… 3本
豚ひき肉… 200g
片栗粉… 大さじ1

A｜ケチャップ… 大さじ2
　｜みそ… 大さじ1
ピザ用チーズ… 50g

〔作り方〕

1　なすは縞目に皮をむき（食感がよくなる）、5
　mm幅の斜め薄切りにする。Aは混ぜておく。
　ひき肉には片栗粉を混ぜ込む。

2　耐熱皿になす、A、ひき肉だねの順に2回く
　り返し重ねる。最後になすをのせ、ふわっと
　ラップをかけて電子レンジ（600W）で4分
　加熱する。

3　2にチーズを散らしてオーブントースター
　かグリルに入れ、約5分、こんがり色づくま
　で焼く。

蒸し鶏風 青ねぎごまだれ

鶏肉は鶏に気づかれないように水からじっくりゆでることで、
しっとりやわらかく仕上がります。ねぎだれはレンチン1回です。

鶏むね肉　　　青ねぎ

ごま油

〔材料 2人分〕

鶏むね肉… 1枚　ごま油…大さじ2
青ねぎ… 5本　　塩…小さじ1

〔作り方〕

1　鶏むね肉にフォークで数か所穴をあける。鍋に入れ、水をかぶるほど入れ、ふたをして中火にかけ、沸いたら弱火で3分加熱し、火を止めてそのまま冷ます。

2　青ねぎは小口切りにして耐熱ボウルに入れ、ごま油と塩を加える。ふわっとラップをして、電子レンジ(600W)で2分加熱する。

3　鶏肉を食べやすい大きさに切り、器に並べて2をかける。

じゃが芋のそぼろあえ

じゃが芋をさっぱりと塩味で。かくし味の酢が
決め手です。バゲットや白ワインにも合います。

じゃが芋　　豚ひき肉　　玉ねぎ

〔材料　2~3人分〕

じゃが芋… 4個（約600g）
豚ひき肉… 150g
玉ねぎ… ½個

A｜酢… 小さじ2
　　｜塩… 小さじ1

植物油… 大さじ1
パセリのみじん切り… 好みで

〔作り方〕

1　じゃが芋は皮をむいて半分に切る。鍋に入れ、たっぷりの水と塩小さじ½（分量外）を入れて中火にかける。ふたをして、竹串がスッと通るくらいまでゆでて、湯をしっかりきる。

2　玉ねぎは粗みじんに切る（粗くてよいからがんばる）。大きめのフライパンに、植物油を引き、玉ねぎ、ひき肉、**A**を入れて炒める。

3　肉に火が通ったら、じゃが芋を加えて炒め合わせる。

●好みでパセリやミントのみじん切りを散らして。

揚げつみれとピーマンのサッと煮

鶏ひき肉を油揚げに入れるだけの簡単つみれです。
短時間で味がしみやすく、冷めてもおいしい。
お弁当にも。

油揚げ　　鶏ひき肉　　ピーマン

〔材料　2人分〕

鶏ひき肉… 150g
油揚げ… 2枚
ピーマン… 2個
片栗粉… 小さじ2

A｜しょうゆ… 大さじ2
　｜酒… 大さじ3
　｜酢… 小さじ2
　｜水… 100mℓ

〔作り方〕

1　油揚げは長さを半分に切る。袋状に開いて、熱湯をかけて油ぬきする。ピーマンはへたと種を取って縦に4つに切る。

2　鶏ひき肉に片栗粉を混ぜて、油揚げに6割方までつめ、クラッチバックのようにたたんで折り返す（4個できる）。

3　折り返し部分を下にして鍋に並べる。すきまにピーマンを入れ、Aを加える。落しぶたをし、中火にかける。沸いたら火を弱めて、ふたをして5〜6分煮てそのまま冷ます。

おいなりさんのように油揚げにひき肉をつめて。

●落しぶたはアルミ箔やペーパータオルでもOK。

鶏とパクチーの水餃子

肉のうまみを味わう水餃子です。
パクチーは同じ分量のバジルやミント、春菊などにすると、また違った味わいに。
ササッと作ってアツアツ、ゆげゆげをぜひ。

鶏もも
ひき肉　　　　餃子の皮　　　パクチー

〔材料 15個分〕

鶏ももひき肉… 200g　　餃子の皮… 20枚　　A│ごま油 … 大さじ1
パクチー… 50g（1束）　　塩… 小さじ1　　　 │こしょう… 少々
　　　　　　　　　　　　　　　　　　　　　 酢、ラー油… 好みで

〔作り方〕

1　ボウルにひき肉と塩を入れてよく練る。パクチーを粗みじんに切り、
　　Aとともに肉に加えてさらに練る。

2　餃子の皮に**1**をみちみちにのせて、包む（1枚に大さじ1強くらい）。

3　鍋にたっぷりの湯を沸かし**2**を入れてゆでる。浮き上がってきたら、
　　そのまま2分ほどゆでる。好みで酢やラー油をかけて。

餃子の皮の縁に水をつ　　両側を手をつなぐよう　　完成。
け、まずふたつに折っ　　に端と端を重ねてくっ
て縁をしっかりとめる。　つける。

すき焼き湯豆腐

豆腐も主役のすき焼き。長ねぎの自然な甘さでくどくありません。
牛肉は煮すぎないほうがおいしいので、後から入れてください。

焼き豆腐　　牛肉切り落とし　　長ねぎ

〔材料　2人分〕

焼き豆腐… 1丁
牛肉切り落とし… 150g
長ねぎ… 2本

A｜麺つゆ（ストレートタイプ）
　　　　　… 200㎖
　酒… 大さじ2
　水… 100㎖

●麺つゆは自家製も簡単。だし4：しょうゆ1：
みりん1を火にかけ、沸いたらできあがり。

〔作り方〕

1　焼豆腐は6等分に切り、長ねぎは2㎝幅の斜め切りにする。青い部分も使う（全体にとろみがついておいしい）。

2　鍋にAと長ねぎ、豆腐を入れ、ふたをして中火にかける。沸いてきたら、少し火を弱め、長ねぎがくったりするまで5分ほど煮る。

3　牛肉を加えて再びふたをして、牛肉に火が通れば完成。

3色2人鍋

火の通りのいい具材ばかりだから、鍋に全部入れて、ちょっと煮込んだらできあがり。
しかもトマトのグルタミン酸と、豚のイノシン酸でだし汁なしでうまうまです。

豚肉
しゃぶしゃぶ　　　　トマト
用

みつば

〔材料　2人分〕

豚肉しゃぶしゃぶ用…200g
トマト…2個
みつば…1束～お好みで多めでも
しょうゆ…大さじ1
酒…大さじ3
水…カップ2

〔作り方〕

1　豚肉に酒大さじ1をもみ込む。トマトは2cm角のざく切りにし、みつばは長さを3等分に切る。

2　小さめの土鍋（鍋でもよい）に1を並べ、しょうゆと残りの酒、水を加える。ふたをして中火にかけ、沸いてきたら火を弱めて、3～4分加熱する。豚肉に火が入れば完成。

●豚肉に酒をもみ込むと、肉同士がくっつきにくく、やわらかくなります。

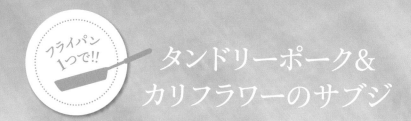

フライパン
1つで!!

タンドリーポーク＆
カリフラワーのサブジ

しょうが焼き用の豚肉を使うことで、味がしみやすく、短時間で焼きあがります。
しかもしっとりやわらか。つけだれは豚肉もカリフラワーも同じもの。
スパイシーだけどまろやかな食感で、ビールやワインが進みます。

タンドリーポーク

豚肉
しょうが焼き
用　　　　カレー粉

プレーン
ヨーグルト

〔作り方〕

1 つけだれを混ぜ合わせ、豚肉を加えて全体にからめる。10分〜1日漬けておく。（ポリ袋でもOK）。

2 フライパンに植物油を熱し、熱くなったら**1**を並べ、つけだれごと焼く。表面が焼けてきたら火を弱め、返して両面に火を通す。

3 カリフラワーのサブジとともに器に盛る。好みでパセリを散らして。

〔材料 2人分〕

豚肉しょうが焼き用…300g
つけだれ：
｜プレーンヨーグルト…大さじ2
｜カレー粉、マヨネーズ…各大さじ1
｜塩…小さじ1
植物油…大さじ½
パセリのみじん切り…好みで

つけだれは肉に
からまる程度の
量でいい。

カリフラワーのサブジ

カリフラワー　　カレー粉

プレーン
ヨーグルト

〔材料 2人分〕

カリフラワー…½株
つけだれ：タンドリーポークと同量
植物油…大さじ½

〔作り方〕

1 カリフラワーは縦7mmの厚さに切る（木の幹のような断面になる）。つけだれをバットなどに入れて合わせ、カリフラワーにからめる。10分〜1日漬けておく。

2 フライパンに植物油を熱し、熱くなったら**1**を並べ、つけだれごと焼く。表面がこんがり焼けてきたら火を弱め、ふたをして2分ほど蒸し焼きにし、ふたを取って水分を飛ばすようにして火を入れる。

●火の入れ加減はお好みで。私は比較的火が入ったやわらかいのが好み。

手羽中のさっぱり酢じょうゆ煮

ごはんにもお酒にも合う1品。冷めてからのほうが
おいしいので、お弁当のおかずにも。

手羽中 青じそ

〔材料 作りやすい分量〕

手羽中…15本
青じそ…5枚
片栗粉…大さじ1

A | しょうゆ、水、酢
  | …各大さじ2

〔作り方〕

1 手羽中は水洗いして水けをきる(臭みが取れる)。ポリ袋に入れて片栗粉を入れ、シャカシャカふって粉を薄くまぶす。

2 フライパンに1を並べてAを加え、中火にかける。沸いてきたらふたをして弱火で6~7分煮る。火を止めてそのまま冷ます。皿に盛り、せん切りにした青じそをたっぷりトッピング。

●フライパンはフッ素樹脂加工のものを使って。

ピーマンと厚揚げ、ツナのピリ辛炒め

手軽にヘルシーでボリュームのあるおかずができる厚揚げ。
緑黄色野菜のプリンス・ピーマンと組み合わせて栄養バランスもばっちりです。

ピーマン　　　　厚揚げ

ツナ缶

〔材料　作りやすい分量〕

ピーマン…3個
厚揚げ…1枚（300g）
ツナ缶…大1缶（140g）
ラー油…小さじ2

塩…小さじ½

A｜ しょうゆ、酒…各大さじ1
　｜ 片栗粉…大さじ½

植物油…小さじ1

〔作り方〕

1　ピーマンはへたと種を取り、2cm角に切る。厚揚げは1.5cm角に切り、熱湯をかけて油抜きする。ツナ缶の汁をきる。

2　フライパンに植物油を入れて中火にかけ、熱くなったら厚揚げ、ラー油、塩を入れて炒める。しんなりしてきたら、ツナとピーマンを加えて、ピーマンの色が鮮やかになるまで炒める。

3　Aを合わせてよく混ぜる。2にまわし入れ、全体にからめる。

 さばのトマトグリル

焼きトマトをソースがわりにして、脱塩焼き！の一皿に。
さばは臭みを取るひと手間でよりおいしく。

さば　　　トマト

〔材料　2人分〕

さば（2枚おろしの切り身）
　　　　　　　　… 1枚

塩…小さじ½
トマト… 2個
小麦粉…小さじ1
しょうゆ…大さじ1
植物油…小さじ2
バジル…好みで

〔作り方〕

1　さばは長さを半分に切り、全体に塩をふり10分おく。さっと熱湯をかけ、ペーパータオルで水けをしっかり拭き取り、皮側に薄く小麦粉をはたく。トマトはへたを取って1cm幅の輪切りにする。

2　フライパンに植物油を引き、皮目を下にさばを並べ、横にトマトを入れる。中火にかけ、皮目に焼き色がつくまで4~5分焼く。トマト、さばを返して弱火にし、さらに4~5分焼く。

3　トマトにしょうゆをかける。さばを器に盛り、ぐしゃっと焼きくずれたトマトをのせる。好みでバジルを添える。

豚のひとりしょうが焼き

しゃぶしゃぶ用の豚肉を使って、1人分のしょうが焼きをあっという間に。
しょうがは生をすりおろして作ると、グッとおいしくなります。

豚肉
肩ロース
しゃぶしゃぶ
用

しょうが

〔材料 1人分〕

豚肉肩ロースしゃぶしゃぶ用… 150g
酒…大さじ1

A | しょうがのすりおろし… 20g(大さじ1くらい、たっぷりがおいしい)
しょうゆ、みりん、片栗粉…各大さじ1

レタス…好みで

〔作り方〕

1 フライパン(フッ素樹脂加工のもの)に豚肉を並べる。酒をふりかけて火にかけ、中火で1~2分焼く。

2 Aをよく混ぜ合わせる(片栗粉が沈殿しやすいので、調味直前にしっかり混ぜる)。

3 8割がた焼けてきたら、Aをひと混ぜしてジャーッと注ぎ、全体によくからめる。

●つけ合わせはレタスのせん切りを。やわらかくて食べやすい。

フッ素樹脂加工のフライパンに、重ならないように肉を広げる。

白菜とツナのフライパンクリーム煮

白菜を¼株たっぷり使って体の芯からあたたまる1皿に。パスタにからめてもおいしい。

白菜	ツナ缶	牛乳

〔材料 作りやすい分量・3~4人分〕

白菜…¼株
ツナ缶…大1缶（140g）
牛乳…200mℓ

小麦粉…大さじ2
酒…大さじ2
塩…大さじ½
バター…10g

〔作り方〕

1　白菜の下半分の白く硬い部分は1cm幅に、葉は3cm幅に切る。ツナ缶の油をきる。

2　フライパンに白菜の硬い部分と酒、塩を入れる。中火にかけ、ふたをして7~8分蒸し煮する。ツナ缶とバターを入れ、バターが溶けたら火を弱め、小麦粉を全体に振り入れ、からめるように炒め合わせる。

3　牛乳を2回に分けて入れ、そのつど混ぜる。スムーズに混ざったら、残りの白菜も加え、ふたをして5分煮る。ふたを取り、ザックリ混ぜながら、白菜がしんなりして、好みのとろみになるまで加熱する。

●フライパンはフッ素樹脂加工のものを使って。

白菜のやわらかい部分を入れるとフライパンがいっぱいになるが、すぐにしんなりしてくる。

2章
野菜のおかず

野菜、おいしく食べていますか?

「この野菜にはこれ」と、ついつい同じ料理になりがちですが、

少し目先を変えて、野菜を楽しんでもらえるものを集めました。

「食べなきゃ」ではなく、

「食べたい!」とリクエストされるように。

私自身、野菜料理がいちばん好き? なので、

『AMARC』のレシピ連載でも野菜料理が多め。

チカラ、入ってます。

メロンときゅうりのサラダ

メロンときゅうりは同じうり科で相性抜群。
夏の夕方が似合うサラダです。3つを同じ大きさに切ると、
きれい＆食感がよくなります。

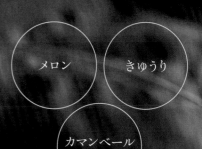

メロン　　きゅうり

カマンベール
チーズ

〔材料　作りやすい分量・2~3人〕

メロン… 小1個（黄色のうりでもよい）
きゅうり… 1本
カマンベール… 100g（ブリーチーズも合う）
レモン汁… 大さじ2
オリーブオイル… 適量
塩… ふたつまみ
ミントの葉… 好みで

〔作り方〕

1 メロンは皮をむいて2cm角に切る。きゅうりはピーラーで皮をむく。きゅうりとチーズはメロンと同じ大きさに切る。

2 1をボウルに入れ、塩、レモン汁を加えて、ざっくり全体をあえる。器に盛ってあればミントの葉を散らし、食べる直前にオリーブオイルをかける。

金柑とラディッシュのサラダ

金柑　　　ラディッシュ

優しい甘みと酸味、ほんのり苦みもある、皮がおいしい金柑。
ゆでてきざんでサラダに。ポテトサラダに入れたり、
きゅうりの塩もみと組み合わせるのも◎。

レモン汁

〔材料　2人分〕

金柑… 5個
ラディッシュ… 5個
塩… 小さじ½
レモン汁… 大さじ2（½個分）
オリーブオイル… 大さじ1

〔作り方〕

1　金柑はなり口の部分（おへそ）を切り取る。鍋に入れてかぶるほど水を注ぎ、中火にかける。沸いたら火を止め、水けをきり、3~4等分にザクザク刻む。刻みながら種を取る。

2　ラディッシュは、薄切りにする。塩をふってもみこみ、そのまま5分おいて水けをしっかり絞る。

3　ボウルに1と2を入れて、レモン汁、オリーブオイルを加えてあえる。

ルッコラと揚げのサラダ

パリッパリに焼いて、サクサク食感にした油揚げが
アクセントに。しょうがをキリリと効かせた
和風のサラダです。

油揚げ　　ルッコラ

新しょうが

〔材料　2人分〕

油揚げ… 1枚
ルッコラ… 1束（150gほど）
新しょうが… 40g
　　　　　（しょうがの場合は1かけ）

A しょうゆ、酢、
　　 オリーブオイル …各小さじ2

〔作り方〕

1　油揚げはサッと洗って水けを拭き取る。フライパンにのせ、油
　　を引かずに中火で焼く。両面パリッと焼けたら取り出し、1.5cm
　　幅に切る。

2　新しょうがはすりおろし、**A**と合わせてよく混ぜる。

3　ルッコラは洗って水けを拭き取り、葉は食べやすくちぎり、く
　　きは粗みじんにきざむ。皿に盛り、**1**をのせ、**2**をまわしかける。

いんげんの温サラダ

とろとろの半熟卵をくずして、ソースがわりにして食べる
温サラダです。ひとつのフライパンでできるから、お手軽です。

いんげん　　にんにく

卵

〔材料　2人分〕
いんげん… 16本
にんにく… 1かけ
卵… 2個
植物油…小さじ1
塩…小さじ½
バター… 10g

〔作り方〕

1 いんげんはへたを取り、にんにくは薄皮をむいて薄切りにする。

2 フライパンに植物油を入れて中火にかけ、1と塩を入れて炒める。色鮮やかになったら片側に寄せ、バターを入れて卵2個を割り入れる。

3 ふたをして卵が半熟になるまで蒸し焼きする。いんげんを皿に盛り、目玉焼きをのせてグシャッとくずして食べる。

●いんげんはアスパラガスや芽キャベツ、グリーンピース、そら豆などにしてもおいしい。

あいたスペースでバター風味の目玉焼きを作る。

2章　野菜のおかず

41

かぶとかぶの葉の明太子焼き

かぶは火が入りやすいから、時間がないときの強い味方。白い部分のアミラーゼには
整腸作用があり、食べすぎた胃に優しいのです。葉には風邪予防に効果的なビタミンCや、
元気な髪や肌の味方のβ-カロテンが豊富なので、一緒に食べましょう。

かぶ　　辛子明太子

〔材料　2人分〕
かぶ… 4個
かぶの葉… 2個分
辛子明太子… 1腹(2本)
バター… 10g
植物油… 小さじ2

〔作り方〕

1 かぶは茎を3cm残して切り、縦半分に切って皮をむく。

2 かぶの葉は1cm幅に切る。辛子明太子は薄皮に切り目を
入れ、身をこそげ取る。

3 フライパンに植物油を引き、**1**を並べて中火にかけ、表面
に焼き色がついたらふたをして2~3分焼く。バターと**2**
を加え、全体をざっくりあえる。

● お好みで辛子明太子を塩昆布や梅干しにしても。

調味料1：1：1で作るかぼちゃのおかず
●どちらも冷蔵庫で5日間ほど保存可能。●冷たいほうがおいしい！

かぼちゃのバルサミコ煮

甘みのあるかぼちゃをバルサミコ酢ですっきりと煮ます。ごぼうやれんこんも同じ割合でできます。

〔材料 作りやすい分量〕

かぼちゃ… ¼個（300g）

A｜バルサミコ酢、しょうゆ、酒
　　　　　…各大さじ1

かぼちゃ　　バルサミコ
　　　　　　　　酢

〔作り方〕

1 かぼちゃは3〜4cm角に切り、心に余裕があったら面取りする。鍋に入れ、ひたひたの水を注いで中火にかけ、12〜13分ゆでる。

2 鍋底から1cmくらいのゆで汁を残して湯をきる。

3 2にAを加えて全体にからめ、再び中火にかける。ふたをして沸いたら、かぼちゃ全体に煮汁をからめ、火からおろして冷ます。

かぼちゃのガドガド煮 レンチン1回!!

ガドガドソースは、インドネシア料理のピーナッツ入りのまろやかなたれのこと。甘じょっぱくこくのある味で、ごはんやお酒が進みます。

かぼちゃ　　ピーナッツ　　プレーン
　　　　　　バター　　　ヨーグルト

〔材料 作りやすい分量〕

かぼちゃ… ¼個（300g）

A｜プレーンヨーグルト、
　｜ピーナッツバター、みそ
　　　　　…各大さじ1

●ピーナッツバターは、同量の白ねりごまにかえても。

〔作り方〕

1 かぼちゃは2cm角に切ってから、皮をところどころむく（食感がよくなる）。

2 耐熱ボウルにAを合わせて混ぜ、1をのせる。ふわっとラップをかけ電子レンジ（600W）で5分加熱する。

3 熱いうちに全体をざっくり混ぜ、再びラップをして冷ます。

大根を使い切る!!

大根と鶏もも肉の煮もの

こっくりやわらかく、短時間でも味がしみしみに
できあがるよう、大根は小さめに切ります。
鶏もも肉は同量の豚肉でも。

大根

鶏もも肉

油揚げ

〔材料 作りやすい分量・3〜4人分〕

大根… ⅓本(400g)
鶏もも肉… 100g
油揚げ… 1枚

A 酒…大さじ4　塩…ひとつまみ
　 水… 100mℓ

B しょうゆ…大さじ1
　 砂糖…大さじ½

〔作り方〕

1 大根は皮をむいて1cm幅のいちょう切りにする。
鍋に入れて**A**を注いで中火にかける。沸いたらふ
たをしてそのまま5分下ゆでする。

2 鶏もも肉はひと口大に切り、**B**をもみこむ。油揚
げは熱湯にくぐらせ水けをきり、縦半分に切っ
てから1cm幅に切る。

3 **1**に**2**を入れてざっくり混ぜ、ふたをして4〜5
分煮る。

大根と青じそのバターしょうゆ炒め

大根は細く切れば炒め物にもできます。
意外？ でも、これがおいしいのです。
大根がたくさん食べられるうえ、かんたんです。

　大根　　　　青じそ

〔材料 2人分〕

大根…¼本（300g）
大根の葉…5本（つけ根からから10cm分ほど）
青じそ…2枚
しょうゆ…大さじ1
バター…10g
植物油…小さじ1

〔作り方〕

1 大根は皮をむき、7mm角×4cm長さほどの棒状に切る。くきは小口切りにし、しその葉は太めのせん切りにする。

2 フライパンに植物油を入れて中火にかけ、フライパンが冷たいうちに大根を入れて炒める。しんなりしてきたら、バターを加えてひと炒めし、葉、しその葉も加えて炒め、全体にしょうゆをまわしかける。

 大根を使い切る!!

大根ステーキ

大根にベーコンのコクをプラスしてステーキに。
塩ゆでまでは多めにやっておくと、すぐに使えて便利です。

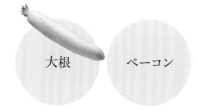

大根　　　ベーコン

〔材料 2人分〕

大根… ¼本（300g）
スライスベーコン… 4枚
しょうゆ… 大さじ1
バター… 10g
植物油… 小さじ1
塩… 小さじ½
黒こしょう… 適量

〔作り方〕

1 大根は1.5cm幅の輪切りにし（4切れ）、皮を少し厚めにむいて鍋に入れる。かぶるほどの水と塩を入れて中火にかけて、ふたをして、竹串がスッと通るまでゆでる。ざるにあげて冷ます。

2 1に1枚ずつベーコンを巻き、巻き終わりを下にして、植物油をひいたフライパンに並べる。

3 2を中火にかけ、ベーコンが焼けるまでジワッと焼く。片面が焼けたら、返して、バター、しょうゆを加えてそっと全体にからめ、黒こしょうをふる。

 大根を
使い切る!!

大根とグレープフルーツのサラダ

薄く切った大根をグレープフルーツと合わせた美しいサラダ。
大根がおしゃれに変身です。ワインの友にも。

大根　　　　グレープ
　　　　　　フルーツ

〔材料　2人分〕

大根… ¼本（300g）
塩…小さじ1
グレープフルーツ…1個
はちみつ…大さじ1
酢…小さじ1

はちみつ

〔作り方〕

1 大根は少し厚めに皮をむき、スライサーなどで半月型の薄切りにする。ポリ袋に入れて塩を加えてもみ、5分おいて水けをしっかり絞る。

2 グレープフルーツは皮をむき、薄皮もむく。果肉を **1** とともにボウルに入れ、はちみつと酢を加えてざっくりあえる。

キャベツと豚肩ロースのほっこり煮込み

キャベツ

豚肉
肩ロース
かたまり

時間がおいしくしてくれるごちそう。
2つの食材と塩だけなのに深みのある味わいです。

〔材料 作りやすい分量・3〜4人分〕

キャベツ… ½個（400g）
豚肉肩ロースかたまり… 400g

A 白ワイン（または酒）…大さじ3
　 水… 150㎖
　 塩… 小さじ1

●味は薄め。塩やこしょうをふったり、
粒マスタードをつけて食べる。

〔作り方〕

1 キャベツは芯のほうは2〜3cm角、葉は4〜5cm角に手でちぎる。
豚肉はサッと洗って水けをふく。

2 厚手の鍋にキャベツ½量を入れ、塩をふる。その上にかたまり
のまま豚肉をのせ、残りのキャベツをのせてAを注ぐ。

3 ふたをして中火にかけ、沸いたら火を弱めて40分煮る。肉を
食べやすく切り、キャベツとともに器に盛る。

 レンチン1回!!

キャベツ

はちみつ

レンチン ザワークラウト

本来のザワークラウトは発酵させて作りますが、
お手軽にレンチン加熱して「もどき」な味に。
餃子の肉だねや鍋に入れても◎。

〔材料　作りやすい分量〕

キャベツ… ½個の内側の葉を10枚（200g）
塩…大さじ1
A｜はちみつ…大さじ1　酢…大さじ3

〔作り方〕

1　キャベツはせん切りにし、耐熱ボウルに入れて塩を全体にからめて5分おく。

2　1の水けを軽く切り、Aを入れる。フワッとラップをして、電子レンジ（600W）で4分加熱する。そのまま冷まし、汁ごと保存容器に入れて冷蔵庫へ。

●キャベツはせん切りが味がしみやすい。
●クミン、クローブ、エルブドプロバンス、ミントなど、好みのスパイスを入れても。

 あえるだけ!!

キャベツとアボカドのサラダ

キャベツ　　　アボカド

ポリ袋ひとつでできてかんたんです。洗い物が少ないのがうれしい！

〔材料　作りやすい分量〕

キャベツ（外側の葉）… 3枚（250g）
アボカド（完熟）… 1個

A｜レモン汁…小さじ6（½個分）
　｜粒マスタード…小さじ2
　｜オリーブオイル…小さじ2
　｜塩…小さじ½

〔作り方〕

1　キャベツは2〜3cm角に手でちぎる。アボカドは種と皮を取り、2cm角に切る。

2　ともにポリ袋に入れ、Aを加えて外側から手で揉む。キャベツが少ししんなりすればOK。

レモン汁

キャベツを
使い切る!!

キャベツの温サラダ

キャベツがモリモリ食べられる温サラダ。
同じ作り方でブロッコリーや菜の花もOK。
ダイエットにも。

キャベツ   たらこ   レモン汁

〔材料 2人分〕

キャベツ … ½個（600g）
たらこ（辛子明太子でも）… 1腹（2本）
レモン汁 … 大さじ2（½個分）
酒 … 大さじ2
塩 … ひとつまみ

〔作り方〕

1 たらこは薄皮に切り目を入れ、身をこそげて耐熱ボウル
に入れる。

2 キャベツはかたい芯をのぞき、食べやすい大きさにちぎ
る。1に入れ、酒と塩をふりかけ、フワッとラップをして
電子レンジ（600W）で5分加熱し、そのまま2分蒸らす。

3 全体をざっくり混ぜ、レモン汁をたっぷりかける。

キャベツとベーコンのみそ汁

うまみ成分豊富なキャベツとベーコン、みそのタッグでだしいらず。
キャベツの煮込み加減はお好みで。

キャベツ　　　ベーコン

〔材料 2人分〕

キャベツ（外側の葉）… 2枚（150g）
スライスベーコン … 2枚（100g）
みそ…大さじ1
酒…大さじ1
植物油…小さじ1
黒こしょう…適量
水… 500㎖

〔作り方〕

1 ベーコンは1cm幅に切る。鍋に植物油を引いて中火にかけベーコンをいためる。焼けて脂が出てきたら、ペーパータオルでふき取る。

2 1に水、キャベツ、酒を入れて、沸いたら少し火を弱め、ふたをして5分ほど煮て、みそを溶く。器に盛って黒こしょうをふる。

●ベーコンの塩加減でみその量を調整して。

ゴーヤのピーナッツ海苔

ゴーヤの苦みは「モモルデシン」。
お疲れの胃の粘膜を守ってくれるそう。

ゴーヤ　　ピーナッツ　　海苔

〔材料　作りやすい分量・2〜3人分〕

ゴーヤ… 1本　　　海苔… 1枚
ピーナッツ… 60g　　塩… 小さじ½

〔作り方〕

1　ゴーヤは縦半分に割り、種とわたを取って5mm
幅の薄切りする。塩を全体にまぶしてよく揉
み、そのまま10分ほどおく。

2　ポリ袋などにピーナッツを入れて、麺棒などで
叩いて細かく砕く。海苔は揉んで細かくする。

3　1を流水で揉み洗いし、水けをしっかり絞る。
2に入れてあえる。

●塩ピーナッツでOK。

なすとりんごの箸休め

箸休めの小さなおかずとしても
チーズと一緒にサンドイッチにしても。

なす　　りんご

みょうが

〔材料
作りやすい分量〕

なす… 2本（長さが
　　　　12cmくらいのもの）
りんご… ½個
みょうが… 2本
A｜しょうゆ… 小さじ1
　｜酢… 小さじ2
塩… 小さじ1

〔作り方〕

1　なすは縞目に皮をむき、縦半分に切り、斜め薄
切りにする。塩をまぶして10分おき、水けを
しっかり絞る。

2　りんごは皮をむいて、縦3等分して芯を取り、斜
め薄切りにする。みょうがも斜め薄切りにする。

3　Aと1、2をポリ袋に入れ、軽く揉む。

●1時間ほどなじませるとよりおいしい。

レンチン1回!!

▥ ブロッコリー卵

免疫力アップに効果的と言われるブロッコリー。
これでたくさん食べられます!

レンチン1回!!

▥ 梅もやし

1袋をまるっと、きりよく使えるレシピです。
箸が止まらない副菜。

ブロッコリー	卵		もやし	梅干し	すりごま

〔材料 2人分〕
ブロッコリー… ½株(180g)
卵… 1個
A │ マヨネーズ、酒…各大さじ1

〔作り方〕

1 ブロッコリーは食べやすい大きさに切る(くき
 も使おう!)。

2 耐熱ボウルに1とAを入れて、卵を割り入れる。
 黄身に箸を入れてツンとつぶす。フワッとラッ
 プをして電子レンジ(600W)で4分加熱し、
 ざっくりと全体を混ぜる。

 ●卵は破裂防止のために、軽くつぶしておく。

〔材料 2人分〕
もやし… 1袋　　A │ すりごま…大さじ1
梅干し… 1個　　　│ しょうゆ…大さじ½
　　　　　　　　　│ 植物油(あればごま油)…大さじ1

〔作り方〕

1 もやしは洗って水をきる。もやしのかさより少
 し大きめの耐熱ボウルに、ボウルの斜面まで広
 げるように入れる。

2 梅干しは手で軽くつぶし、種ごと1の真ん中に
 入れ、Aも加える。フワッとラップをして電子
 レンジ(600W)で2分半加熱し、ざっくりと全
 体を混ぜる。

STAY HOME

お誕生日のテーブル

アッシ・パルマンティエ
事前に焼く前までを
作っておき、食べる前に
グリルなどで焼いて。
→ p18

メロンときゅうりのサラダ
事前に作って冷蔵庫に
入れておきます。
→ p38

レモンクリームチキン→ *p56*

家族と一緒に家で過ごすことが多くなりました。例えば、誕生日や卒入学のお祝い、ちょっとした記念日やクリスマスなどの季節行事。そんなときも気負わずに「3×3」のレシピで楽しみましょう。花を飾って、映えるメインを大皿に盛ったら席に着きましょう。ラクちんでおいしいものはみんなの幸せです。

フライパン1つで!!

レモンクリームチキン

生クリームにレモンの酸味と苦みを効かせたクリームソース。
フライパンでサッと煮るだけで、
レストラン気分になるしゃれた1皿です。

鶏もも肉　レモン　生クリーム

〔材料　4人分〕
鶏もも肉… 2枚
レモン… ½個
A｜生クリーム… 100㎖
　｜薄口しょうゆ… 小さじ1（またはしょうゆ）
酒、小麦粉、植物油、塩… 各小さじ1

〔作り方〕

1 鶏もも肉は半分に切り、全体にフォークで穴をあける。酒をもみ込み、小麦粉を薄くはたく。レモンは果汁を絞り（大さじ2くらい取れる）、残った皮は1cm幅の厚めの輪切りにする。

2 フライパンに植物油を引き、鶏肉とレモンの皮を入れ、塩をふって中火にかけて焼く。鶏の皮目にこんがり色がつくまで、がまん強く焼く。

3 2にレモン汁をまわしかけ、ふたをして2分ほど蒸し焼きにする。フツフツと沸いてきたら、Aを加えて鶏肉にからめる。クリームが温まれば完成。

ポットティラミス

大きめの保存容器に材料を交互に入れて作る
ティラミス。ヨーグルトでヘルシーに。

ギリシャ
ヨーグルト　　濃い目の
コーヒー　　ビスケット

〔材料　4人分〕
ギリシャヨーグルト（無糖）… 400g
ホットコーヒー… 100㎖（濃い目）
ビスケット… 120g（マリービスケットなど20枚くらい）
きび砂糖… 大さじ2

〔作り方〕

1 コーヒーにきび砂糖を加えて溶かし、冷ます。

2 1ℓ程度入る保存容器に、ビスケットを入れて1をまわしかけ、ヨーグルトをのせる。容器の大きさに合わせて、同様に2~3段くり返し重ねる。冷蔵庫で1時間以上冷やしてなじませる。

● 1晩おいても美味。

3章
ワンプレート

ひとりランチや週末のブランチに便利なワンプレート。

いえ、家族の晩ごはんにも、

栄養バランスのいいレシピを3ステップで。

みんなが大好きなパスタやうどん、

レンジでできるかんたんカレー、

ちょっとダイエットしたいときの、きのこたっぷりの1皿、

直球で旬を感じる炊き込みごはんなどを楽しんで。

緑の野菜たっぷり。ブロッコリーは
芽キャベツと同じくらいの大きさにきざみましょう。
くたっとするまで炒めるのがおいしい。

ブロッコリーと芽キャベツのパスタ

ブロッコリー　　芽キャベツ

にんにく

〔材料　2人分〕

スパゲッティ… 160g
ブロッコリー… ½株
芽キャベツ… 10個（冷凍でもよい）
にんにく… 1かけ（チューブの場合は2cmほど。加減して）
オリーブオイル… 大さじ1
塩… 大さじ1　　黒こしょう… 小さじ½

〔作り方〕

1 鍋にたっぷりの湯を沸かして塩を入れる。
スパゲッティを入れ、表示より2分～1分
短くゆでる。

2 ブロッコリーは1cm角にきざみ、芽キャベ
ツは縦半分に切る。にんにくは薄切りにす
る。オリーブオイルを熱したフライパンに
入れて炒め焼く。パスタのゆで汁を大さじ
3程度入れ、ふたをして1分蒸らす。

3 **2**に湯をきった**1**を入れて、黒こしょうを
ふり、中火にかけながらサッとあえて仕上
げる。

禁断のバターたっぷりなパスタです。疲れたとき、
がんばったときなど、トマトとバターの甘みで、
自分を大いに甘やかしましょう!

ミニトマトとパセリ、バターのパスタ

ミニトマト　　　　　　パセリ

バター

〔材料　1人分〕

スパゲッティ… 80g
ミニトマト… 8個(120g)
パセリ… 2枝(20g)
しょうゆ… 小さじ1
バター… 20g　　　　　塩… 小さじ1(ゆで汁用)
オリーブオイル… 小さじ1　塩… 小さじ½

〔作り方〕

1 鍋にたっぷりの湯を沸かして塩を入れる。沸騰したらスパゲッティを入れ、好みに合わせて表示より2分~1分短くゆでる。

2 ミニトマトはへたを取って縦半分に切る。塩をふって3分おき、出てきた水分をきる。パセリはみじん切りにする。

3 フライパンにオリーブオイルを入れて、トマトを並べて、グチャッと焼けてきたら、パセリとゆで汁大さじ1、バターの半量を加えてしんなりするまで炒める。**1**を入れてサッとからめ、皿に盛って残りのバターをのせる。

スパムカルボナーラ

スパムってボローニャソーセージのようで、
パスタとの相性抜群です。童心にかえるような、
ちょっぴりジャンクな味もたまには。

スパム	卵	パルミジャーノ レッジャーノ チーズ

〔材料 2人分〕

スパゲッティ… 160g
スパム… ½缶 (170g)
卵… 2個
パルミジャーノレッジャーノ
　　チーズ (削ってあるもの)
　　　　　　　　　… 大さじ3
植物油… 小さじ1
塩… 小さじ1 (ゆで汁用)
黒こしょう… 適量

こうすることで、白身
の水っぽさがなくなる
のでやってみて!

〔作り方〕

1 鍋にたっぷりの湯を沸かして塩を入れる。スパゲッティを入れ、表示より2分~1分短くゆでる。

2 卵を茶こしに割り入れて、白身のサラサラとした水っぽいところをきる。ボウルに入れて、カラザを取ってていねいに溶きほぐす。

3 スパムは7㎜角に切り、植物油を引いたフライパンでこんがり焼く。熱いうちに焼き汁とともに**2**に入れる。すぐに湯をきった**1**も入れて、熱いうちにあえる。チーズも加えてざっくり混ぜ、皿に盛って黒こしょうをふる。

カッチョエペペミント

イタリア語でカッチョ（cacio）はチーズ、ペペ（pepe）はこしょう。
シンプルなチーズとこしょうだけのローマ名物のパスタに、
フレッシュミントをからめる、ぎゅっとレモンを絞って食べてみて。

フレッシュ　　パルミジャーノ
ミント　　　　レッジャーノ
　　　　　　　チーズ

〔材料　2人分〕

スパゲッティ… 160g
フレッシュミント… 4枝（40g）

A｜パルミジャーノレッジャーノチーズ
　　（削ってあるもの）… 大さじ3
　｜オリーブオイル… 大さじ1

植物油…小さじ1
塩…小さじ1（ゆで汁用）
黒こしょう…適量（好みでたっぷりめに）
飾り用ミントの葉…好みで

〔作り方〕

1 鍋にたっぷりの湯を沸かして塩を入れる。沸騰したらスパゲッティを入れ、好みに合わせて表示より2分~1分短くゆでる。

2 ミントは枝ごと粗みじんに切る。Aとともにボウルに入れ、汁けをきった**1**を加えて和え、黒こしょうをふってさらにざっくり合わせる。器に盛り、あればミントの葉を添える。

豆乳スープとごま辛肉みその
豆乳担々麺

62

豆乳で作るみそ味のスープと、ごま辛肉みそをご紹介します。
スープは台湾や中国の朝のスープ「シェントウジャン」風。肉みそはお弁当にもぜひ。
ふたつを組み合わせれば、お手軽な豆乳担々麺になります。

豆乳スープ

豆乳　　　しょうが

〔材料　作りやすい分量・2~3人分〕

A｜
豆乳（無調整）… 500㎖　　　しょうがのすりおろし … 1かけ分（10g）
酢 … 小さじ2　　　　　　　みそ … 小さじ2
水 … 100㎖　　　　　　　塩 … 小さじ½

〔作り方〕

1　鍋にAを入れて中火にかけ、沸いてきたら、沸騰する前に最弱火にする。みそを溶き入れる。

2　2~3分加熱してホロリと分離してきたら火を止める。味を見て塩を加え、最後にしょうがを加える。

レンチン1回!!

ごま辛肉みそ

豚ひき肉　　　すりごま

豆板醤

〔材料　2~3人分〕

豚ひき肉 … 150g

A｜
すりごま … 大さじ2
しょうゆ、砂糖、片栗粉、ごま油 … 各大さじ1
豆板醤 … 大さじ½（辛さは好みで加減して）

〔作り方〕

1　豚ひき肉とAを耐熱ボウルに入れて混ぜ合わせ、ボウルの側面全体に貼りつける。フワッとラップをかけて電子レンジ（600W）で4分加熱する。アツアツのうちに全体を細かく切るようにしてよく混ぜる。

● 加熱時間は電子レンジによってようすをみて。
● p101のバリエーションです。

豆乳担々麺

器にゆでて水けをきった中華麺（インスタントラーメンの麺でもOK）やそうめんを入れて、温めた豆乳スープを注ぎ、ごま肉辛みそをのせる。好みでラー油をたらし、パクチーやミントの葉などを添える。

しじみとささみの豆苗フォー

豆苗を「フォー」に見立てたヘルシースープ。しじみとささみのうまみたっぷり。
ピーナッツを砕いてかけるとアジア度が増します。

しじみ　　ささみ

豆苗

〔材料 2人分〕
しじみ… 200g
ささみ… 2本
豆苗… 1パック
ナンプラー… 小さじ1
　　　　　　（しょうゆでもよい）
塩… 小さじ½
水… 600㎖
白こしょう… 好みで

〔作り方〕

1　しじみは貝と貝を合わせるように水洗いする。ささみは長さを4等分のそぎ切りにし、ともに鍋に入れ、水を加えて中火にかけ、沸いたらあくを取る。

2　豆苗は根を落とす。1に加えて、ナンプラーと塩も加えてふたをし、1~2分加熱する。器に盛って好みで白こしょうをふる。

なすとエリンギは同じ
大きさに切り、なすがし
んなりするまで炒める。

なす　　　　エリンギ

鶏むね
ひき肉

なすとエリンギの鶏ジャージャー肉みそ

なすとエリンギをダイス状に切って、鶏のむね肉と組み合わせてヘルシーな肉みそに。
冷たいうどんに合わせていますが、そうめんや、パスタ、汁ありの麺、ごはんにも。

〔材料　作りやすい分量・4人分ほど〕

鶏むねひき肉… 200g
なす… 2本
エリンギ… 1パック (150g)

A｜ 酒、酢…各大さじ1
B｜ しょうゆ、みそ、砂糖、
　　　　　　　　酒…各大さじ1

植物油…小さじ1
うどん、ミントの葉、黒こしょう
　　　　　　　　…各適量

〔作り方〕

1 なすとエリンギは1cm角に切る。フライパンに植物油を熱
し、なすとエリンギを炒める。

2 1がトロッとしんなりしてきたら、ひき肉とAを入れて肉の
色が変わるまで炒める。

3 2にBを加えて全体を混ぜ合わせ、水分を飛ばすように
3分ほど煮つめる。うどんにのせ、好みで黒こしょうをふ
り、ミントの葉を添える。

●きざんだ青唐辛子や、豆板醤を加えると辛みのある肉みそに。

65

えびとにら、ミントのあえ麺

台湾で「にらとミント」、「にらとバジル」の
組み合わせを食べて、おいしさにびっくり。
さわやかでパンチのあるあえ麺です。

むきえび　　　にら　　　ミント

〔材料　2人分〕

むきえび… 200g
片栗粉（下処理用）… 大さじ1
にら… 8本
ミント… ½パック（15g）
中華麺… 2玉

A | しょうゆ、片栗粉… 各小さじ1
　　　| 酒… 大さじ1

ごま油… 大さじ1　　塩… 小さじ½
こしょう… 適量

〔作り方〕

1 むきえびは背わたがあれば取り除いて洗う。片栗粉（下処理用）をまぶし、もみ込むようにして、もう一度洗い流し（汚れや臭みが取れる）、ざく切りにする。にらとミントは粗みじん切りにする。**A**は合わせておく。

2 フライパンにごま油を引いて中火にかけ、熱くなったらえびと塩を入れて色づくまで炒め、にら、ミントを加える。**A**を混ぜながら入れてざっくり炒め合わせる。

3 麺をゆでて器に盛り、**2**をのせてこしょうをふる。

なすとピーマンのピリ辛こくうまうどん

なすは九州産など、長めで太目のものほど、身がやわらかく、
加熱したとき、とろとろになります。ビタミンCたっぷりの
ピーマンと合わせて。野菜だけなのに、食べ応え120%！

なす　　　ピーマン

〔材料 2人分〕

なす（長めのもの）… 1本（短めなら2本）
ピーマン … 3個
うどん … 2玉（160g）

A｜しょうゆ、酢 …各大さじ1

片栗粉 … 大さじ1
ラー油 … 大さじ½（辛さは好みで加減）
ごま油 … 大さじ3
塩 … 小さじ½
すりごま … 適量

〔作り方〕

1　なすとピーマンはへたを取り、2cm角に切る。ポリ袋に片栗粉とともに入れて、シャカシャカふって全体に薄く粉をまぶす。

2　うどんは表示通りにゆでて冷水にさらし、もみ洗いして器に盛る。

3　フライパンにごま油とラー油を入れて中火にかけ、熱くなったら1を入れる。塩をふって炒め、3〜4分してなすの角が取れてピーマンもツヤッとしてきたら、Aを加えてさらに炒め、汁ごと2にかける。好みですりごまをふる。

67

フライパン
1つで!!

チキンとマッシュルームの
フライパンエチュベ

「エチュベ」とはフランス語で「蒸し煮」のこと。
ふたつきのフライパンで、気楽にかんたんに作れます。
季節はずれでちょっと水っぽいミニトマトは、リーズナブルでもあるので、
煮込みや炒め物に。うまみが増して最高です。

鶏もも肉　　　　ミニトマト　　　マッシュ
　　　　　　　　　　　　　　　　　ルーム

〔材料 2人分〕

鶏もも肉… 1枚（唐揚げ用のものでもよい）
ミニトマト… 15個
マッシュルーム… 6個

A｜しょうゆ…小さじ1
　｜白ワイン…小さじ2（または酒）

植物油…小さじ1
塩…小さじ½
パセリのみじん切り…好みで

〔作り方〕

1　鶏もも肉は5~6切れに切る。フライパンに植物油を引き、皮目を下に並べる。中火にかけて塩をふり、肉の色が変わるまで両面を焼く。

2　ミニトマトは縦半分に切り、マッシュルームも縦半分に切る。1にAとともに入れてざっくり混ぜる。ふたをして10分蒸し煮したら、ふたをあけて少し水分を飛ばすように3~4分煮つめる。

●あればパセリのみじん切りを。ごはんによく合うので一緒にどうぞ。

 とうもろこしとツナのカレー

レンチン1回!!

とうもろこしにツナとトマトを合わせたお手軽カレー。ボウルに入れてレンチンするだけ。
とうもろこしは生がおすすめ!

〔材料 2人分〕
とうもろこし… 1本
ツナ缶…大1缶（140g）
トマト… 1個
カレー粉、ケチャップ、牛乳…各大さじ1
塩…小さじ½
雑穀ごはん、ミント…各適量

とうもろこし　　ツナ缶　　トマト

すべての材料を入
れて、混ぜずにそ
のままレンジへ（輪
切りのとうもろこ
しも一緒に）。

〔作り方〕

1 とうもろこしは1cm幅の輪切りを2切れとる。残りは実
を包丁でこそげ切る。トマトはへたを取って1cm角のざ
く切りに、ツナ缶は油をきる。

2 耐熱ボウルに1を入れ、カレー粉を牛乳（冷たいままで
OK）で溶いて加える。ケチャップ、塩も加え、ふわっと
ラップをかけて、電子レンジ（600W）で4分加熱する。

3 熱いうちに全体をよく混ぜる。器にごはんを盛り、カレー
をかけ、好みでミントを添える。

夏野菜のトマトカレー

ピーマンとなす、トマト缶でつくる、「The夏」なカレー。
お好みでしし唐やオクラを足すのもおすすめ。

トマト缶　　　なす

ピーマン

〔材料　2人分〕

トマト水煮ダイス缶… 1缶
　　　　（ホールトマトの場合はつぶす）
なす… 2本（短いもの）
ピーマン… 3個

A｜酒（あれば赤ワイン）…大さじ1
　｜塩…小さじ1弱
B｜カレー粉…大さじ1
　｜酢…小さじ2

ごはん… 適量

〔作り方〕

1　なすはへたを取って縦半分に切っ
　てから斜め薄切りにする。ピーマン
　は1cm角に切る。

2　鍋に1と汁ごとのトマト缶、Aを入
　れて中火にかけ、フツフツと沸いて
　きたらふたをして、12~13分煮る。
　Bを加えて全体を混ぜ合わせる。器
　にごはんを盛り、カレーをかける。

マッシュルームとしいたけのカレー

マッシュルームやしいたけなど、きのこのうまみを上手に引き出して、
優しい味わいのカレーに。きのこ類は炒めるとかさが減るので、たっぷり使って。

マッシュ
ルーム

しいたけ

玉ねぎ

〔材料 2人分〕
マッシュルーム … 6個
しいたけ … 5個
玉ねぎ … 1個
カレー粉 … 大さじ1
ウイスキー（または酒）… 大さじ4
バター、植物油 … 各大さじ1
塩 … 小さじ1
ごはん … 適量

〔作り方〕

1 マッシュルームは縦4等分に切る。しいたけは軸の先を落とし、傘も軸もマッシュルームと同じ大きさに切る。玉ねぎは粗いみじん切りに。

2 鍋に植物油を引いて中火にかけ、**1**と塩を入れて炒め、しんなりしてきたら、ウイスキーとバターを加える。火を弱めてふたをして3分ほど煮つめる。

3 **2**にカレー粉を加え、全体をざっくり混ぜる。器にごはんを盛り、カレーをかける。

だいたい同じ大きさになるように切る。

はじめは鍋いっぱいに。かさは半分くらいに減る。

●ホーリーバジルとシークワーサーを添えて。柑橘を少し絞って食べると、また変化があっておいしい！

きのこと牛肉のカレー

きのこから出てくる水分でサッと煮る、食物繊維たっぷりのカレーです。
牛肉はひき肉でもOK。豚こま肉にすると、また違った味わいに。うどんにのっけてもおいしい!

牛肉 こま切れ	しめじ	まいたけ

〔作り方〕

1　しめじは石づきを切り、2cm長さに切る。まいたけは小房に分ける。鍋に入れ、**A**を加えてふたをし、中火にかける。

〔材料 2人分〕

牛肉こま切れ… 100g
しめじ… 大1パック(200g)
まいたけ… 1パック(100g)

A	赤ワイン(または酒) 　　　　…大さじ1 塩…小さじ½ 水…大さじ2

カレー粉、みそ…各大さじ1
ごはん、ピンクペッパー
　　　　　　　　…各適量

2　1が沸いたら、みそを加えてからめる。牛肉をほぐして広げながら入れ、肉の色が変わったらカレー粉を加える。全体をざっくり混ぜ、ふたをせずに1~2分加熱し、水分を少し飛ばす。

3　器にごはんを盛ってカレーをかけ、好みでピンクペッパーを散らす。

たけのこトマトごはん

たけのこにトマトをプラスした、モダンなたけのこごはん。
トマトにはグルタミン酸が豊富。
昆布だしがわりになり、うまみがグンと増します。

ゆで
たけのこ

トマト

〔材料 4人分〕
ゆでたけのこ… 200g
　　　　　　（硬めの下の方でもよい）
トマト… 大1個
米… 3合

A | しょうゆ… 小さじ1
　　 | 白ワイン… 大さじ2（酒でもよい）
　　 | 塩… 小さじ2

氷… 1個

〔作り方〕

1　米は普通に研ぎ、炊飯器に入れて<u>2合目</u>まで水を入れ氷を入れる。

2　たけのこは1cm角に切って**1**に入れる。トマトはへたを取り、上下に十字の切り目を入れ、米の中央に置く。**A**を加えて普通に炊く。

3　炊きあがったらトマトの皮をスルッと取り、全体をざっくり混ぜる。

● 米を炊くときに氷を入れるとおいしくなる。

炊く前の炊飯器の中。米は3合だけど、トマトの水分があるので水は2合分で。

ねぎごはん

長ねぎをたっぷり3本も使った炊き込みごはん。
食べた瞬間、「甘い〜」と声があがるはず?!

〔材料 4人分〕

長ねぎ… 3本
梅干し… 1個
米… 3合
塩… 小さじ½
氷… 1個

長ねぎ　　　梅干し

〔作り方〕

1 米は普通に研ぎ、炊飯器に入れて**2合目**まで水を
　入れ、氷を入れる。梅干しを3〜4切れにちぎり、種
　ごと入れる。

2 長ねぎは青い部分まですべて縦半分に切り、5mm
　幅の斜め切りにする。1に入れ、塩も加えて普通に
　炊く。炊き上がったら全体をざっくり混ぜる。

そら豆と新玉ねぎの炊き込みごはん

そら豆のほくほく感と、たっぷりの新玉ねぎの甘さが
たまらない春のごはん。玉ねぎから水分が出てくるので、
水加減に気をつけて。

〔材料 3人分〕

新玉ねぎ… 大1個(300g)(小ぶりなら2個)
そら豆… 5さや
米… 2合
A｜酒… 大さじ1
　｜塩… 小さじ2
氷… 1個

新玉ねぎ　　　そら豆

〔作り方〕

1 米は普通に研ぎ、炊飯器に入れて**1.5合目**まで水を入れ
　氷を入れる。

2 そら豆はさやから出して薄皮をむき、新玉ねぎは皮をむい
　て5mm幅の細切りにする。1に入れ、Aを加えて普通に炊く。

75

まぐろづけとアボカドの手こね寿司

まぐろを漬けにしておけば、火も使わずササッとできる手こね寿司。
お祝いごとのメニューとしても重宝します。アボカドは酢飯に混ぜる前に切りましょう。

まぐろの
刺身

アボカド

〔材料 作りやすい分量・5~6人分〕

まぐろ (赤身の刺身) … 200g
アボカド … 2個
あたたかいごはん … 2合分
すし酢 … 60㎖

A｜しょうゆ … 大さじ1
　｜みりん … 大さじ1
海苔、白ごま … 各適量

〔作り方〕

1 まぐろは2㎝角の食べやすい大きさに切り、Aをかけて冷蔵庫で15分~1時間漬けておく。

2 ごはんを飯台などに入れ、すし酢を3回に分けて加え、さっくりと混ぜる (しゃもじ二刀流で混ぜるとやりやすい)。

3 2に1を混ぜ、1.5㎝角に切ったアボカドも加えてざっくり混ぜる。器に盛り、好みでちぎった海苔やごまを散らす。

● 飯台がない場合は平らな面のあるバットや、大きなボウルで混ぜればよい。
● すし酢多めだが、ごはんが吸ってくれる。多めがおいしい。

4章
おつまみ

「これは白ワインだ!」『AMARC』の連載でときどき入る
大草さんのコメントがジャストミートでうれしい、
おつまみ寄りのおかずたち。
薄暮のアペロタイムに、
はたまた、遅く帰ったお疲れの夜に軽く、
休日の昼下がりのリラックスに、
まずは、自分のために作ってもらえてらうれしいな。

牡蠣のグラタン

牡蠣に小麦粉をまぶして、
かんたんホワイトソースに。
泡や白ワインが進む無敵のあてになります。

牡蠣

ピザ用
チーズ

牛乳

〔材料 2人分〕

牡蠣（加熱用）… 1パック（150g）
ピザ用チーズ … 50g
牛乳 … 200mℓ

バター … 30g
小麦粉 … 大さじ2
片栗粉 … 大さじ1
塩 … ひとつまみ

〔作り方〕

1　牡蠣は洗って水けをきり、片栗粉をそっとまぶして、もう一度洗い水けをふく（汚れや臭みが取れる）。塩をふって小麦粉をまぶす。

2　フライパンにバターを入れて中火にかけ、バターが溶けてきたら1を並べ、両面をサッと焼く。牛乳を2回に分けて入れ、全体にとろみがついてきたら、耐熱皿に入れる。

3　チーズをのせて、オーブントースターかグリルに入れる。チーズが溶けてこんがりするまで4〜5分焼く。

●チーズは好みで加減を。チーズたっぷりがおいしい。

79

野沢菜湯豆腐

野沢菜のうまみが効いた湯豆腐。野沢菜の塩味が調味料。
酒を多めに入れればうまみが増します。

豆腐

野沢菜
漬け

〔材料 2人分〕

豆腐… 1丁　　　　　酒… 50㎖

野沢菜漬け… 80g　　水… 300㎖

〔作り方〕

1　豆腐は6等分に切り、野沢菜漬けは1cm幅に細かく刻む。

2　鍋に1と酒、水を入れて中火にかけ、沸いたら火を弱め、
　　ふたをして2~3分加熱する。

●高菜漬けで作ってもまたおいしい。

台湾風湯豆腐

台湾の朝ごはんで人気の「シェントウジャン」は、塩味の豆乳スープ。
これをベースにした湯豆腐です。ゆるーい豆腐で豆腐を食べているような新食感。

豆腐　　せり

豆乳

〔材料　2人分〕

豆腐… 1丁
せり… 1束（クレソンやみつばもよい）
ラー油…好みで

A｜豆乳（無調整）… 400mℓ
　｜酢…小さじ2
　｜酒…大さじ2
　｜塩…小さじ1
　｜水… 100mℓ

〔作り方〕

1　豆腐は6等分に切り、せりは3~4cm長さに切る。

2　鍋に豆腐とAを入れてふたをして中火にかけ、沸いてきたら火を弱めせりを加える。ひと煮たちしたら完成。好みでラー油を。

ズッキーニのぐるぐる

ズッキーニはかぼちゃの仲間。生よし加熱よしで、
意外と扱いやすい野菜です。スライサーでリボン状に薄く切って
豚肉とチーズにぐるぐる。しゃれたおつまみに。

ズッキーニ

豚肉ロース
しゃぶしゃぶ
用

カマンベール
チーズ

〔材料 2人分〕

ズッキーニ… 1本
豚肉ロースしゃぶしゃぶ用… 3枚
　　　　　　　　　（ハムでもよい）
カマンベールチーズ… 1個（ホール）
塩…小さじ½
オリーブオイル…少々
ピンクペッパー…好みで

〔作り方〕

1　ズッキーニはスライサーで縦に薄くリボン状に切る。6枚つくる（残りはスープなどに使って）。

2　豚肉は長さを半分に切る。カマンベールは十字に切って6等分する。ズッキーニ1枚に豚ロース1枚をのせ、カマンベールをのせる。塩をひとつまみずつふり、くるくるっと巻く（ズッキーニを少しずらしながら巻くときれい）。

3　オーブントースターかグリルにアルミホイルを敷き、オリーブオイルを少しふりかける。2の巻き終わりを下にして並べ、5分ほど焼く。器に盛り、あればピンクペッパーをふる。

さつま芋とぶどうのサワークリーム

ぶどう

さつま芋

甘酸っぱさとこくが同居したちょっとモダンなあえ物。
ビジュアル系なので気分があがります。

サワー
クリーム

〔材料 2人分〕

ぶどう(好きな種類で)… 10粒
さつま芋… ½本(200g)
サワークリーム… 100g
塩… 小さじ½
ミントの葉… 好みで

● サワークリームはクリーム
チーズにしてもOK。

〔作り方〕

1　さつま芋は完全にやわらかくなるまでゆでる。皮をむき1.5cm角に切る。ぶどうは種があったら取り、縦半分に切る。

2　サワークリームを耐熱ボウルに入れて、電子レンジ(600w)で1分加熱する。塩を加えてなめらかになるまで混ぜ、人肌に冷ます。

3　2に1を加えてあえる。好みでミントの葉を飾る。

バンコク枝豆

大好きなタイのバンコクに思いを馳せながら食べる枝豆です。
枝豆は焼くことで、適度に水分が抜けて甘みが増し増しに。
ピリ辛のたれがからんで、ビールが止まらないおいしさ。

枝豆

スイート
チリソース

〔材料 作りやすい分量〕

枝豆… 1袋（150g）

A スイートチリソース、
しょうゆ（またはナンプラー）、酒
…各大さじ1

豆板醤…小さじ1

〔作り方〕

1 枝豆はさやごと水につけてよく洗う。
オーブントースターかグリルにアル
ミホイルを敷き、水けをきった枝豆を
広げて5分焼く。

2 Aを小鍋に入れて中火にかけ、沸いて
きたら火を止める。焼き立ての**1**を入
れて、全体に味をからませる。

熱いたれに熱い枝豆を
からめて。

アボカドサニーサイドアップ

目玉焼きをちょっとバージョンアップ。
バゲットにのせたり、ごはんにのっけて朝ごはんにも。

アボカド　　　卵

〔材料 2人分〕
アボカド… 1個
卵… 2個
バター… 1かけ
塩…ふたつまみ~好みで
ピンクペッパー…好みで

〔作り方〕

1　アボカドは皮をむき、縦半分に切って種を取り、縦1cm幅に切る。

2　フライパンにバターを塗り、アボカドを並べて中火にかける。

3　バターが溶けて、アボカドがじりじり焼けてきたら、卵を割り入れる。ふたをして、2~3分蒸し焼きにして、塩をふる。好みでピンクペッパーを。

鯛の刺身とセロリの
しょうがオイルあえ

特売の鯛の刺身をしゃれたおつまみに。
セロリの香りと食感がアクセントです。葉も入れて使い切りましょう。

鯛の刺身 　セロリ

しょうが

〔材料　2人分〕

鯛（刺身）… 8切れ（100g）
セロリ … 1本
しょうが … 40g
塩 … 大さじ½
オリーブオイル … 大さじ4

〔作り方〕

1 セロリは筋を取り、斜め薄切りにする。葉
も刻む。塩をふってもみ、5分おいてさっと
水洗いし、水けを絞る。しょうがはすりお
ろす。

2 オリーブオイルをボウルに入れ、1と鯛の
刺身を入れてざっくりあえる。

アボカド豆腐

水分が出やすいので、食べる直前に作りましょう。
お好みで辛みを足してもおいしい。
日本酒にも合うんです。

アボカド　　絹ごし豆腐　　ミニトマト

〔材料 2人分〕

アボカド… ½個　　　　　ミニトマト… 2個
　　　　（完熟がよい）　　塩、こしょう… 各小さじ½
絹ごし豆腐… ¼丁　　　　　　（好みで加減を）

〔作り方〕

1　アボカドは縦に二つ割りにして種を取る。中身をくり抜いてボウルに入れ、フォークなどでつぶす。皮は取っておく。

2　豆腐はペーパータオルに包んで2~3分おいて水けをきり、1に加えてつぶす。

3　ミニトマトはへたを取り、7mm角に刻む。ペーパータオルに包んで水けを切り、2に加え、塩、こしょうをふってサクッと混ぜ、アボカドの皮を器にして盛る。

きゅうりの ラー油ヨーグルト

塩もみすれば、なんでもおつまみに!
ラー油ヨーグルトは、オニオンスライスや
フライドポテトなどにもよく合います。

きゅうり　　プレーン ヨーグルト　　青じそ

〔材料 2人分〕

きゅうり… 1本
塩… 小さじ½（塩もみ用）
青じそ… 2枚

A｜プレーンヨーグルト… 小さじ4
　｜ラー油、塩… 各小さじ½

〔作り方〕

1　きゅうりはピーラーで皮を縞目にむき、斜め薄切りにする。塩をもみこんで5分おき、水けを絞る。青じそは細切りにする。

2　きゅうりと青じそを器に盛る。Aを混ぜてかける。

火を使わない
おつまみ # いちじくとブルーチーズのサラダ

日本だけでも100種類以上の品種があるといういちじく。
酸味は控えめで甘さが強いので、甘い調味料のかわりに、いろいろな料理に使います。
塩けの強いブルーチーズと合わせて、ワインのおともに。

いちじく

ブルー
チーズ

ルッコラ

〔材料 2人分〕

いちじく… 3個　　　　ルッコラ… 1袋（100g）
ブルーチーズ… 100g　　オリーブオイル… 大さじ1

〔作り方〕

1 いちじくは水洗いして水けを拭き、縦6等分に切る（皮が苦手な場合はむく）。ブルーチーズは細かくほぐす。ともにボウルに入れ、オリーブオイルを加えて、ざっくり合わせる。

2 ルッコラをちぎって皿に盛り、**1**を盛る。

かずのことクリームチーズのサンドイッチ

おせちのかずのこを使った、えっ? と驚くモダンなサンドイッチです。
泡にも日本酒にも合う、私のイチ推しのかずのこの食べ方。
止まらないおいしさです。

味つき
数の子

クリーム
チーズ

サンドイッチ
用食パン

〔材料 作りやすい分量〕

数の子（味つき。しょうゆなどに
　　つけたおせち用）… 8本
クリームチーズ … 100g

マヨネーズ … 小さじ2
サンドイッチ用食パン … 4枚
パセリのみじん切り … 好みで

〔作り方〕

1 食パン4枚にマヨネーズを薄く塗り、さらにクリー
ムチーズを塗る。

2 2枚に数の子を並べる（切ったときの断面を意識
して並べて）。食パンを重ねてサンドし、10分ほど
おいてなじませる。パンの耳を切り落として半分
に切る。好みでパセリを散らす。

4章 おつまみ

SOUP

あったかスープ

汁ものがあると、それだけでホッとします。
体がほかほかになる粕汁から、
おみそ汁に柿を入れた変化球まで。
心も豊かにしてくれるスープをぜひ食卓に。

とうもろこしと玉ねぎのミルクみそ汁

とうもろこしと玉ねぎのうまみと牛乳のこくでだしいらず。ほんのり甘くてホッとする味。
クタクタの玉ねぎが好きな方は、みそを溶く前に少し長く煮てください。

とうもろこし　　　玉ねぎ　　　牛乳

〔材料　2人分〕

とうもろこし… 1本
　　（缶詰でもよい。190g缶1缶）
玉ねぎ… ½個

牛乳… 100㎖
みそ… 大さじ2
水… 400㎖

〔作り方〕

1　とうもろこしはラップでふんわり包み、電子レンジ(600W)で3分加熱する。実を包丁でこそげ取り、鍋に入れる。

2　玉ねぎは繊維を断つように半月型の薄切りにして1に加える。

3　1に牛乳と水を入れて中火にかけ、沸いたらみそを溶き入れる。

グリーンピースとしょうがのスープ

冷凍のグリーンピースを使った色味あざやかなスープ。旬の時期なら生で作ってください。
しょうがは身体をあたためてくれて味のアクセントにも。

グリン
ピース　　　しょうが　　　だし汁

〔材料　2人分〕

グリンピース（冷凍）… 100g
しょうが… 2かけ (30g)
だし汁… 500㎖
　　（または鶏がらスープの素小さじ1
　　を湯500㎖に溶いたもの）

植物油… 小さじ1
塩… 小さじ½
こしょう… お好みで

〔作り方〕

1　しょうがは細切りにする。鍋に植物油を引き、凍ったままのグリーンピース、しょうがを入れて色鮮やかになるまで炒める。

2　1にだし汁（あるいは鶏がらスープ）を注ぎ、味を見て塩で調味し、好みでこしょうをふる。

●市販の和風だしや鶏がらスープの素を使う場合は、味を見て塩の量を加減してください。

もずくとトマトとささみの
酸辣湯
<small>サン ラー タン</small>

ツルッとした食感のもずくがたっぷりの辛くて
ヘルシーなスープ。熱いもずくも美味です。

もずく　　ささみ

トマト

〔材料 2人分〕
もずく… 100g
　（味がついていないもの）
ささみ… 3本
トマト… 2個

A | 酒…大さじ3
　　| しょうゆ、酢、ラー油…各小さじ2（辛さはお好みで）
　　| 水… 400㎖

片栗粉…小さじ2　植物油…適量

〔作り方〕

1　もずくは水で洗ってざるにあげ、水けをきる。
　ささみは薄いそぎ切りにして、片栗粉を薄くま
　ぶす。トマトはへたを取り、2cm角に切る。

2　鍋に植物油を引き、トマトを入れて中火で炒め
　る。ふつふつしてトマトがグチャッとしてきた
　ら、**A**ともずくを入れる。

3　2が再び沸いてきたら、ささみを入れて火を通
　す。味を見て、足りない場合は塩で調整する。

エリンギとにら、ささみの
スープ

帆立に見えるのは、実はエリンギ。
ささみはとろりとさせ、食感にコントラストを。

エリンギ　　ささみ

にら

〔材料 2人分〕
エリンギ
　… 1パック（200g）
ささみ… 3本
にら… ⅓束
しょうゆ… 小さじ1
片栗粉… 小さじ2

A | 酒…大さじ2　　塩…小さじ½
　　| 水… 400㎖

〔作り方〕

1　ささみは薄いそぎ切りにする。しょうゆをもみ
　込み、片栗粉を薄くまぶす。エリンギは1cm幅
　の輪切りにし、にらは5㎜幅に切る。

2　鍋にエリンギと**A**を入れて中火にかけ、沸いた
　らささみを入れる。

3　ささみに火が通ったらざっくりと混ぜてにらを
　入れ、ひと煮たちさせて器に盛る。

じゃが芋と鮭の粕汁

寒い季節に最強にあたたまる汁もの、酒粕でつくる粕汁です。鮭の臭みを取る下ごしらえ、
湯引きだけは面倒でもはしょらずにやりましょう。できあがりにグッと差がつきます。

鮭　　　じゃが芋　　　酒粕

〔材料　4人分〕

鮭（甘塩）… 2切れ　　酒粕… 150g　　水… 800㎖
じゃが芋… 2個　　　みそ… 大さじ3　　青のり…好みで

●酒粕がかたい場合は細く切って入れる。

〔作り方〕

1　鮭は長さを半分に切り、ボウルかバットに入れる。熱湯を注ぎ、泳がせるように振り洗いし、水けを拭き取る（皮が苦手ならここで取り除く）

2　じゃが芋は皮をむいてひと口大に切り、鍋に入れて水を注ぐ。中火にかけて、沸いたら1と酒粕を加えて、じゃが芋がやわらかくなるまで煮る。みそを溶き入れて味を調える。好みで青のりを散らす。

大根と柿、トマトだしのみそ汁

みそ汁に柿。「えーっ!」と思うかもしれませんが、みそと合うし、
自然な甘みがプラスされておいしいのです。ときには変化球を楽しんで。

ミニトマト　柿　大根

〔材料 作りやすい分量・2~3人分〕
ミニトマト…5個
柿…½個(種なし)
大根…¼本(300g)
酒…50mℓ　水…500mℓ
みそ…小さじ4

〔作り方〕

1 大根は皮をむいて、1.5cm角に切る。トマトはへたを取って縦半分に切る。

2 鍋に水、酒、**1**を入れて中火にかけ、沸いたらふたをして大根がやわらかくなるまで15分煮る。

3 柿は皮をむいて、1.5cm角に切り、**2**に入れてみそを溶く。

●みそは米みそ、麦みそなど家にあるもので。はじめは味が薄いと感じるかもしれないが、食べ終わるころにはおいしいと感じる塩加減です。

5章
作りおきと自家製

自家製と聞くと、気合いを入れて
大量に仕込むイメージですが、
ここは気楽に「やってみようかな？」くらいの感じで、ぜひ。
なにしろ「自家製ってだけで、おいしさ5割増し！」です。
梅干しも3ステップだから、
自己肯定感増し増しのお役にも立てるかと思います。
作りおきも、すぐ食べてよし、次回に残してよし、
のライト級ばかりです。

しっとり、保存もできる
コンフィを作ってみよう

コンフィ（confit）とは、肉や魚はオイル漬けに、フルーツは砂糖に漬けるなど
して、保存性を高めるフランス料理の調理法です。風味がよくしっとり仕上が
るのが魅力。長期保存が目的の場合はたっぷりのオイルに漬けて、空気が入
らない状態にしますが、今回は「しっとりさ重視」。油はぐっと控えめで作りま
す。両方ともオイルごと保存容器に入れて、冷蔵庫で5日間ほど保存可能です。

レンチン1回!!

 ## ささみとれんこんのコンフィ

ささみ　　れんこん

高たんぱく・低脂肪のささみ。調理法によってはパサついてしまいがちですが、
コンフィなら失敗なくしっとりと仕上がります。
サラダにのせたり、卵焼きやサンドイッチの具にもおすすめです。

しょうが

〔材料　作りやすい分量〕

ささみ… 4本
れんこん… 100g
しょうが… 2かけ（30g）

A│ 白ワイン…小さじ2（酒でもよい）
　│ 植物油…150mℓ
　│ 　（EXバージンではないオリーブ
　│ 　オイル、太白ごま油、米油など）
　│ 塩…小さじ1
　│ こしょう…小さじ½

〔作り方〕

1　ささみの筋は気になれば取り、数か所をフォークでやさしく刺す。

2　れんこんは半月型の薄切りにし、しょうがはスプーンの縁などでこそげるように皮をむいてから薄切りにする。

3　1と2を耐熱容器に入れてAを加える。ふわっとラップをし、電子レンジ（600W）で6分加熱する。ざっくり混ぜて再びラップをし、そのまま冷ます。

鮭と玉ねぎのコンフィ

レンチンでOK!!

鮭は抗酸化作用があると言われるアスタキサンチンのほか、EPA（エイコサペンタエン酸）や
DHA（ドコサヘキサエン酸）を含むヘルシー食材です。そのままでもよし、
オイルごとパスタに入れるのもおすすめ。玉ねぎをセロリにしてもおいしい！

〔材料　作りやすい分量〕

生鮭（切り身）… 2切れ
玉ねぎ… ½個

A│ 酢…小さじ2
　│ 水… 200mℓ

B│ 白ワイン…小さじ2（酒でもよい）
　│ 植物油… 100mℓ
　│ 　（EXバージンではないオリーブオイル、
　│ 　太白ごま油、米油など）
　│ 塩…小さじ½

生鮭　　玉ねぎ

〔作り方〕

1　鮭はサッと洗って水けを拭き取る。耐熱ボウルに入れ、Aを加えてふわっとラップをかけ、電子レンジ（600W）で1分加熱する。熱いうちに湯をきる。

2　玉ねぎは縦薄切りにする。1にのせ、Bを加える。再びふわっとラップをし、電子レンジで5分加熱してそのまま冷ます（余熱で火を入れるとしっとりする）。

酢水に漬けて加熱することで、鮭の臭みが抜ける

オイルはひたひたより少な目でよい。

レンチンでOK!!

オイルサーディン

オイルサーディンも「コンフィ」と同じ調理法でしっとり。「いわし、料理したいけど、臭みが強いし、どうしたらいいの？」という声をよく聞きます。臭みのもとは血と脂。臭み取りがレンチンであっという間にできる方法を紹介します。

いわし　　セロリ

〔材料 4尾分〕

いわし（頭と内臓を取ったもの）… 4尾
セロリ… 1本（玉ねぎ1個でもよい）
酢… 大さじ1
植物油… 200㎖（EXバージンではないオリーブオイル、
　　　　　　　　　　　太白ごま油、米油など）

塩… 小さじ1

〔作り方〕

1　いわしは身の中央の中骨付近に血がたまっているので、指でなぞり、流水で洗い流す。水けをふき取り、耐熱ボウルに並べる。酢と、ひたひたの水を入れる（ⓐ）。ふわっとラップをかけて電子レンジ（600W）で2分加熱し、水けを完全にきる。

2　セロリは斜め薄切りにして1の上にのせ、塩をふって植物油をひたひたまで加える。ボウルの大きさによって、ひたひたにならない場合は足す。

3　再びラップをかけて電子レンジで4分加熱し、すぐにラップを取り、そのまま冷ます。

●オイルごと冷蔵庫で4日保存可能。
●冷たいほうがおいしい。マヨネーズが合う。サンドイッチやパスタにも。

ⓐ酢と水を入れて電子レンジにかけたら、その水はすぐにしっかりきって。

鶏と玉ねぎの甘辛煮・親子丼のもと

鶏肉と玉ねぎで作る甘辛煮です。そのままおかずにしてもよし、
溶き卵でとじてごはんにのせれば、親子丼に。

鶏もも肉   玉ねぎ

〔材料 作りやすい分量〕

鶏もも肉… 1枚（250g）
玉ねぎ… 1個

A | しょうゆ、みりん、酒、片栗粉、水…各大さじ1

〔作り方〕

1 鶏肉はひと口大に切り、玉ねぎは縦薄切りにする。

2 耐熱ボウルに**A**を入れて混ぜ、**1**を加える。具材に調味液がらかむように混ぜたら、ボウルの側面にまで広げる。

3 **2**にふわっとラップをして、電子レンジ（600W）で3分加熱する。熱いうちに底から混ぜ、再びラップをして5分加熱し、もう一度混ぜてそのまま冷ます。

ボウルの側面に広げるように貼りつけてレンチンすると、ボウルでも均一に火が入る。

肉だねをボウルの側面に広げるように張りつけると、時短で均一に火が入る。にらは肉だねに混ぜずに真ん中に。色と香りがよく仕上がる。

レンチン1回!!

にら肉みそ

電子レンジ1回でできる、しっかり味の肉みそ。
麺にもごはんにも合うし、展開もしやすい
おかずのもとです。お弁当にも。

豚ひき肉　　　にら　　　豆板醤

〔材料 作りやすい分量〕

豚ひき肉… 200g
にら… 10本
塩… 小さじ½

A 豆板醤、片栗粉…各大さじ½
しょうゆ…大さじ2
きび砂糖、ごま油…各大さじ1

〔作り方〕

1　にらは粗みじんに切る。

2　豚ひき肉とAを耐熱ボウルに入れてよく混ぜ、ボウルの側面に貼りつけるようにする。

3　2の中央ににらを入れ、ふわっとラップをかける。電子レンジ（600W）で5分加熱し、熱いうちによく混ぜる。

●冷蔵庫で4日保存可能。
●青ねぎ、バジル、ミントもおすすめ。

ビーツの甘酢漬け

ビーツは独特な土臭さが苦手と言う人も。私は見つけたら、ゆでて甘酢漬にしています。
これで土臭さも気になりません。サラダのトッピングにしたり、
じゃが芋の冷たいスープに加えてピンクにしちゃうのもかんたんです。

ビーツ　　きび砂糖

〔材料 作りやすい分量〕

ビーツ… 2個
塩… 小さじ½

甘酢
　酢… 150㎖
　きび砂糖… 大さじ5
　（上白糖なら大さじ4。
　より色がきれいに）

〔作り方〕

1 ビーツは皮ごときれいに洗って鍋に入れ、か
ぶるほどの水と、塩を加えて丸ごとゆでる。
20分ほどゆでてざるにあげ、冷めたら皮を
むく。4~5等分に切って保存容器に入れる。

2 甘酢の材料を小鍋に入れて中火にかけ、きび
砂糖を溶かす。熱いまま**1**に注ぎ入れ、冷め
たら冷蔵庫へ。冷蔵庫で10日間保存可能。

●皮をむいてゆでると土臭さが強く出る。
●ビーツのピンクが飛ぶので、白いシャツは要注
意(笑)!

ビーツを着けていたピ
ンクの甘酢。ゆで卵や
うずらの卵、新しょう
がやカリフラワーなど
を漬ければみんなピン
クに。

野菜の「塩水漬け」と「ポリもみ」

「この野菜、なんとかしなきゃ、でも忙しくて……」というときは、とりあえず、塩水に漬けておくか、ポリもみしておきます。きゅうり、カリフラワー、いんげん、キャベツや白菜のかたいところなどなど。だいたい1週間は延命? 可能です。

塩水漬け

漬けて2~3日は浅漬けとして、それ以降は炒めたり、スープに入れたり、煮物や鍋の具にも。中国四川地方の「泡菜」という塩水につける漬物を知り、やるようになりました。

〔塩水漬けの材料と作り方〕

水500mlに塩大さじ1½（5%）が基本。保存容器に入れ、適当に切った野菜をつけておくだけ。好みで、こしょうやクローブ、花椒、唐辛子などを入れても。

●常温保存だと気温が高い時期は発酵する。発酵したものは炒め物や鍋で火を入れて使うのがおすすめ。冷蔵保存は浅漬けの状態が続くが、10日目以降は火を入れて使うと安心。料理のアクセントになる。

紫カリフワラーを漬けると
つけ汁が紫に。

きゅうりは浅漬け風に

ポリもみ

ポリもみはポリ袋に、「塩と酢」、「みそ」、「しょうゆと酢」などの調味料を入れて、適当に切った野菜を加えてもんでおくだけ。3日~5日は保存でき、箸休めなどに重宝します。キャベツとにんじん、かぶとなすのように組み合わせるのもいいし、野菜一種もあり。そのまま即席漬けとして、炒めたり、生野菜とあえたり、使い道いろいろです。

スイカの皮を
酢と塩でもんで。

ズッキーニは
しょうがとしょうゆ+
みりんで。

にんじんとキャベツは
みそと合わせて。

自家製梅干し

難しいと思っている人が多いかもしれませんが、「梅干し」だって3ステップでできます。
梅干しは原理がわかれば、簡単な「塩漬け」。ポリ袋を使って、お気楽にやってみましょう。

完熟梅　塩

きび砂糖

● 不純物が取り
除かれている、白
い塩を使用して

〔材料 作りやすい分量〕

完熟梅… 1kg
塩… 160g
きび砂糖… 100g（上白糖なら80g）

〔作り方〕

1 梅は水洗いしてから水にさらし、へたを取る。ポリ袋（薄手でやわらかいもの）を3重にして塩ときび砂糖を入れ、水けをきった梅を入れて口を結ぶ（ⓐ）。塩ときび砂糖をまぶすように、袋の外からゆすりながら軽くもむ（直接手で混ぜない）。

●完熟梅でも作れる。青梅で作ればすっきり味に。完熟梅だと香りがふくよかに。

自家製梅シロップ

気軽に作れて、1週間ほどで飲み始められる
梅シロップは、梅仕事ビギナーさんにもおすすめです。
ソーダ割り、お湯割り、ハイボールにも。

〔材料 2.5ℓ～3ℓの保存ビン1本分〕

青梅… 1kg
黒砂糖（粉末）… 800g
　（きび砂糖同量でもよい。
　上白糖の場合は700g）　　青梅　　黒砂糖

〔作り方〕

1 梅は水洗いして竹串でへたを取る。かぶるくらいの水につけて10分おき、水けをしっかりきる。

2 梅をポリ袋（保存袋）に入れ、冷凍庫で1日～2日凍らせる。

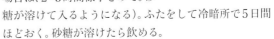

3 凍った2をそのまま保存ビンに入れ、上から砂糖をかぶせるように全量入れる（入りきらない場合は、2～3時間様子をみて。砂糖が溶けて入るようになる）。ふたをして冷暗所で5日間ほどおく。砂糖が溶けたら飲める。

2 ボウルを受け皿にして室温で1週間おく。ときどき様子を見て、溶け残りがあったら軽くゆする。10日ほどすると、梅がつかるほどの水分（梅酢）が出てくる。梅が梅酢にすっぽりつかる状態（ⓑ）になったら取り出す。

3 2をざるに並べ、日中に陽が当たるところに並べる（室内でよい）。1日に1回、梅を裏返し、48時間以上干す（ⓒ）。保存容器に入れる。

●干し終わって1か月後くらいからが美味。

SWEETS
フルーツのスイーツ

最後の晩餐には「ぶどう」を選ぶほど
フルーツが大好きです。
そんな大好きな果物に、
ごくかんたんに手を加えてスイーツにしました。
ホッとひと息つくときのおやつや、
食後のデザートにぜひどうぞ。

みかんのコーヒーキャラメリゼ

みかんの皮は陳皮（チンピ）と言って漢方でも使われ、中国では
皮ごと蒸して甘く煮るデザートもあります。皮の苦みをより生かすため、
苦みのあるコーヒーを組合わせてみました。

みかん　　コーヒー　　ラム酒

●冷たくしたほ
うがおいしい。

〔材料　作りやすい分量〕

みかん … 6個
　　　　（皮が薄めの小さめのものがよい）
きび砂糖 … 大さじ4

A｜ホットコーヒー … 100㎖
　｜　　　（少し濃い目に淹れたもの）
　｜ラム酒 … 大さじ1

プレーンヨーグルト … 適量

〔作り方〕

1 みかんはなり口を取り、皮ごと横半分に切る。断面を上に
してフライパンに並べ、きび砂糖をふりかけて1時間おく
（1晩おいてもよい）。

2 1の断面を下にして、中火にかけて沸いてきたらAを加
える。再びぐつぐつと沸いたら、上下を返し、ふたをして
15分ほど煮る。そのまま冷やす。器に盛って好みでヨー
グルトを添える。

りんごのキャラメリゼ

ちょっと甘いものが食べたいとき、サッとできる
りんご煮はいかがですか? 禁断のバニラアイスとの
組み合わせも、週末に? 熱い紅茶といっしょにぜひ。

りんご　　黒砂糖　　レモン汁

〔材料　作りやすい分量〕

りんご … 3個（紅玉がおすすめ）　　　A｜レモン汁 … 大さじ2
黒砂糖 … 大さじ5　　　　　　　　　　　｜酒 … 大さじ1
　（きび砂糖同量でもよい。上白糖なら大さじ4）

〔作り方〕

1 りんごは縦4等分に切り、ところどころ残して皮
をむき（赤い色がきれいにしあがる）、芯を切る。

2 フライパンに1を並べて黒砂糖をふりかけ、20分
～1晩おく（りんごから水分が出てくる）。

3 2を中火にかけ、ふつふつ沸いてきたら、Aを加え
る。りんごを返して、再び沸いたらふたをして中火
で10分煮る。全体をざっくり煮汁にからめる。

●白ワインやラムにす
ると風味が変わる。
●フッ素樹脂加工の
フライパンが作りや
すい。
●好みでシナモンやク
ローブを入れると大
人っぽくなる。

桃のクラフティ

桃

卵

ラム酒

主役は桃。ちょっとぜいたくに、カスタードプリンのような焼き菓子、
クラフティにします。大さじだけで計れる簡単レシピ。
冷たーくして食べるのがおすすめです。

〔材料　2人分〕

桃… 1個（プラム2個でもよい）
卵… 2個
牛乳… 200㎖
きび砂糖… 大さじ4
小麦粉… 大さじ1
ラム酒… 大さじ1

●熱々にバニラアイスを添え
ても。でも私は冷たいのが好き
です。

〔作り方〕

1　ボウルに卵ときび砂糖大さじ1を入れてよ
く溶きほぐす（泡立てなくてよい）。牛乳を
加えてさらに混ぜる。小麦粉を茶こしなど
でふるいながら2~3回に分けて加え、混ぜ
合わせる。ラム酒も加える。

2　オーブンは180℃に予熱する。桃は皮をむ
いて、縦12等分に切って耐熱皿に並べ、1
を流し込む（ⓐ）。

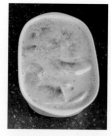

ⓐ桃が見え隠れするく
らいひたひたがよい。

3　オーブンに入れて20分焼く。表面に残りの
きび砂糖をふりかけ、さらに10分焼く。粗
熱が取れたら冷蔵庫で冷やす。

いちじくのアイスクリーム

いちじくは甘みが強くて酸味が優しい果物。このアイスクリームはきび砂糖を入れず、
いちじくの甘味だけで作ります。お好みではちみつやメープルシロップをかけて。

いちじく　　生クリーム　　プレーン
ヨーグルト

〔材料　作りやすい分量・3~4人分〕
いちじく… 3個

A｜生クリーム… 100㎖
　｜プレーンヨーグルト…大さじ3

●ステンレス容器で作ると早く凍る。

〔作り方〕

1 冷凍可の容器に皮をむいたいちじくを入れて適当につぶす(大きさもまちまちで、つぶしすぎないはうがよい)。

2 **1**にAを加えてざっくり混ぜる。ラップをピタッとして、さらにアルミホイルで覆い、冷凍庫に2時間入れる。

3 いったん取り出してざっくり混ぜ、再びラップとホイルをして、さらに6時間冷凍する。

いちごバター

レンチン1回!!

人気のいちごバターもレンチン1回で。春に見かける
露地ものの小粒いちご。リーズナブルなので、
いちごバターやコンフィチュールに。

いちご　いちごジャム　バター

〔材料　作りやすい分量〕

いちご … 10個 (100g) (大粒なら、5~6個)
いちごジャム … 大さじ3
バター … 100g

〔作り方〕

1　いちごはへたを取って3~4等分にし、耐熱の保存容器に入れる。泡だて器やフォークでざっくりつぶし、いちごジャムを加えて混ぜる。

2　バターを5等分に切って1に加える。ふわっとラップをかけて、電子レンジ(600W)で3分加熱する。熱いうちによく混ぜる。

3　人肌に冷めたら再び底から混ぜて、冷蔵庫で3時間ほど冷やしかためる(冷蔵庫に入れて30分後に1度混ぜるとより分離しにくい)。冷蔵庫で2週間ほど、冷凍で3か月保存可能。

いちごのコンフィチュール

煮つめすぎずフレッシュさを生かした仕上がり。塩をほんの少し加えて
甘さを引き立てます。上白糖やグラニュー糖で作ると、色鮮やかに。
保存が心配なので、砂糖はこれ以上減らさないで。

いちご　レモン汁

〔材料　作りやすい分量〕

いちご (小粒) … 2パック (500g)
レモン汁 … 大さじ3 (レモン1個分)

きび砂糖 … 200g (上白糖、
　　　　　　　グラニュー糖なら180g)
塩 … 小さじ½

〔作り方〕

1　いちごはへたをとってよく洗う。鍋に入れてきび砂糖、塩をまんべんなくまぶし、そのまま1時間おく(ひと晩置いてもよい)。

2　いちごから水分が出て、きび砂糖がほぼ溶けている状態になったら、レモン汁を加えて中火にかける。沸いたら弱火で20分くらい煮る。焦がさないように注意。

3　保存ビン(または保存容器)は湯で洗って清潔にし、食品用のアルコールか焼酎などで、ビンの口とふたをふき、2を入れる。冷蔵庫で3週間ほど、冷凍で3か月保存可能。

料理家 山脇りこ Riko Yamawaki

忙しい人にも作りやすく、身体にも優しく、モダンなエッセンスも加えた家庭料理を伝えている。『明日から、料理上手』(小学館)『いとしの自家製』(ぴあ)など著書多数、テレビや、雑誌でも活躍中。旅好きで、世界各地の市場や生産者をめぐり、食べて、習って、作って、食べて、が止まらない食いしん坊。この本にも、旅で巡りあった料理がちりばめられている。台湾愛が高じて台北ガイド『食べて、笑って、歩いて好きになる大人のごほうび台湾』(ぴあ)も上梓。代官山で料理教室「リコズキッチン」を主宰。
https://www.instagram.com/yamawakiriko

スタイリング：山脇りこ
料理アシスタント：村上有紀
撮影：長谷川潤(料理) 古谷利幸(対談)
編集：内田いつ子
デザイン：高橋美保

疲れていてもこれならできそう！ ♯食材3つ ♯3ステップで完成

毎日食べたい かんたん3×3レシピ

発行日 2021年 2月28日

著　者　山脇りこ
編 集 長　大木淳夫

発 行 人　木本敬巳
発行・発売　ぴあ株式会社
　　　　　〒150-0011　東京都渋谷区東1-2-20
　　　　　渋谷ファーストタワー
　　　　　編集　03(5774)5262　販売　03(5774)5248
印刷・製本　大日本印刷株式会社